時兆文化

動機律

嫉妒律

尊重律

能力律

顯露律

因果律

積極律

行動律

責任律

10

界線

讓生命自在飛揚

Boundary Line :
Let Your Life Free

江見 ｜ 著

專文推薦 6

◎黃迺毓　6
活出界線

◎施以諾　8
界線，帶來祝福無限！

◎黃銀成　10
與界線共舞

自序 14
從困惑中尋覓界線與自由！

前言 19
最簡易實用的人際準則

分享 21
界線課程學員心得

界線,無所不在! 23

如何了解生活處處是界線?	24
從 8 個生命面向了解界線	29

金錢｜愛它卻又不敢說!		29
情緒｜不要大大隨之胡亂起舞!		33
飲食｜「吃東西」背後有何哲理?		37
感情｜戀愛與身體該有的距離?		40
分離｜充滿生命智慧的放手!		46
朋友｜人與人「最自在的關係」!		50
工作｜為了金錢,還是敬拜神?		54
生死｜有怎樣的感受距離?		58

與生俱來的天然界線 61

從神創造而來的界線	62
《聖經》涵蓋各種界線	65
生活中的天然界線	73

身體最重要的界線｜**皮膚**	73
用來溝通卻看不見的界線｜**語言**	74
沒說的才是真正的界線｜**眼語**	76
有效停止關係惡化的界線｜**空間與時間**	78

大自然與生命的界線	80
界線可以改變,更能助人成長!	82

好玩的界線遊戲 85

Chapter 3

辨識情緒臉譜遊戲	86
21 個表情圖	87

俐落好用的界線十律 93

Chapter 4

你的生活失了界線嗎？	94
界線十律涵括所有人際	95
十律可歸總五類別	96

Part 1 內在面

第一律、沒有不被知道的事｜**動機律**	98
第二律、人類犯的第一個罪｜**嫉妒律**	105

Part 2 人際面

第三律、辛苦卻使人得到滿足｜**責任律**	115
第四律、上帝給人最大的禮物｜**尊重律**	124

Part 3 反應面

第五律、不是為反抗而反抗｜**積極律**	133
第六律、雛鳥自己啄殼而出｜**行動律**	142

Part 4 使用面

第七律、寧可失去百體中的一體｜**評估律**	151
第八律、請打開你內心的窗｜**顯露律**	160

Part 5 地天面

第九律、上帝好像袖手旁觀｜**因果律** 169

第十律、人生不按你意百分百｜**能力律** 178

界線應用舉一反三：工作篇 187

Chapter 5

應用前，先以「問題歸屬」簡化 188

為五斗米折腰的底線？ 196

恢復正確的工作界線觀 198

釐清工作三個層面 199

界線在工作中的運用 200

界線應用舉一反三：家庭篇 213

Chapter 6

家庭：只要親密，不要被困住！ 214

短兵相接的「夫妻」 214

親子是「不對等」關係的第一名 216

生命成長的三階段 219

「手足」是永遠不會長得一樣的手指 221

標準版的家庭「三角關係」 222

現代疏離的「親戚」關係 223

察覺家庭界線問題指標 224

認知界線的可挪移性 230

十律是俐落的人際工具 230

活出界線

黃迺毓　台灣師範大學人類發展與家庭學系教授

一邊讀著洋洋灑灑的稿子，一邊想著我怎麼會答應寫序。

「知道」作者是多年前讀他的文章，那時，他剛開始當「家庭主夫」。當年，在華人社會，不是沒有其他的家庭主夫，而是將此事當作一件認真的生活實驗的男士真的不多，而且還在報章寫了很多文章，跟讀者分享他的生活和所見所思。

感覺是多年不見的老朋友，再度聯繫時，他已經走到一個很獨特的生涯，他當了牧師，也繼續積極推動婚姻和家庭教育，就如他部落格的標語：找回人與神起初之愛，一起來經歷神在家庭裡豐盛的應許。

很多人以為家庭教育就是「父母如何在家裡教育孩子」，這是狹義的定義，其實家庭教育包括兩個向度，一是家人關係，一是家庭管理，一般的教導都重在如何經營健康的家人關係。關係，的確是家庭教育領域的「主菜」，而多數人的關係學習是以與家人的互動為基礎。

偏偏對傳統華人文化來說，「父子倫」（相對於「夫妻倫」）是家庭的主軸，所以父親對於妻子和兒女有著極大的權力，一家

之主就是父親，父親就像是扮演著上帝的角色，擁有、統治、掌管全家人的生活，也因此不管如何改朝換代，「孝道」始終是君王用來治國的主要政策理念。

孝順很重要，但是沒有界線，很容易變成愚孝，置己身於無奈，且陷父母於不義。

「界線」（boundary）其實是很外來的觀念，所以一般人都不感覺它其實是人際關係最主要的問題關鍵。一個不認識自己的人，很難有安全感，因此依附對象很模糊，也不可能真正享受人際關係。

生命來自上帝創造，因此獨特，作者在書中有多處見解均讓讀者明白，界線的原始觀念是從《聖經》而來。

這不太像「序」，只能說是讀後的反思。相信讀者必能從書中學到如何活出界線，祝福自己，也造福別人。

界線，帶來祝福無限！

施以諾　作家、輔大醫學院職能治療學系專任精神科副教授

在生活中，可以常看到地板上有許多的「線」，無論是球場上、馬路上、車站裡……，地板上所畫的線可說是無所不在，這些線你若越過了它，可能會被判失分，會被罰錢，或造成其他人的不便。

而如果今天有人忽然放言高論：「為了確保每個人的自由與人權，讓我們把球場上、馬路上、車站裡的這些線都去掉吧！」這樣的言論恐怕得不到太多的迴響；試想，一旦生活環境中的這些線全給去掉了，那可真要天下大亂了！不但一點都不好玩，甚至對安全也是極大的影響。

生活中，其實還畫著許多看不見的線，包括友誼的線、感情的線、婚姻的線、家庭的線等等，這些界線一旦被去掉，美其名叫作自由，實則為放縱，因為就如同我們一旦去掉所有球場上、馬路上、車站裡地板上的線那般，對整個社會的負面影響何其大！

江兒先生是我所尊敬的作家前輩，這幾年來，他在家庭、婚姻等議題上所作出的貢獻，影響了台灣社會上的許多人，他

的這本新書主題談的就是「界線」,這兩個字乍聽看似古板,卻是能為人們帶來祝福無限的重要前題。

本書中所提的界線,其實或可詮釋為節制、自律的同義詞,書中全方位的提到了在金錢、飲食、感情等方面所需要有的自制力,事實上,能否擁有這些自制力,是一個人成熟與否的重要指標。而本書中更有許多有趣的紙上活動,甚至在「界線十律」的單元中,還有許多很生動的例子,不但如此,亦有許多可以帶出思考的練習題,是一本難得的好書,無論是自讀或是小組讀書會,本書都是值得實用的優質讀物。

這個世代很講求「自由」,而我很喜歡一句話:「真正的自由不是擁有隨心所欲的權力,真正的自由是有不被慾望所捆綁的能力。」親愛的朋友,您是一個自由的人嗎?

界線,帶來祝福無限!有能力戰勝慾望,不被慾望所綑綁的人,才是能成就大事的人;拿捏住生活中該有的界線,不但不是受限,反而將經歷到上帝無限的賜福。誠摯的向大家推薦這本書。

與界線共舞

黃銀成　竹南聖教會主任牧師

　　好友江兒牧師長期投入家庭婚姻的教育，他一直是這方面的專家，他邀請我為新書寫推薦文，原以為是一本針對家庭、婚姻、親子方面的教導，但當我拿到書稿的時候非常驚喜，竟然是一本關於界線的書，書的內容也相當精彩可期。

　　江兒牧師舉出生命中的界線無所不在，包括金錢、情緒、飲食、感情、分離、朋友、工作、生死等，確實，這時代充滿了許多的界線：國家之間有國界、國際談判之間有底限，甚至在人際之間的關係，更充滿各種不同的界線，若稍不小心就會誤踩他人界線。

　　曾看過一則新聞，有位女子搭火車卻自備板凳，當時正值下班時間，人潮非常多，但女子卻拿板凳在走道上就一屁股坐下。這時一名男子好意拍拍她的肩膀，表示人多，麻煩她用站的，沒想到女子卻突然暴怒，強調不能碰她肩膀，還說要告他性騷擾，但下車後，站長提議要叫警察來時，女子態度卻一百八十度大轉變，不告了，甚至丟下一句話，轉頭就離開。也許可能是當下被碰觸的感受欠佳，以致情緒失控，這就是顯

而易見的界線。

在教會生活中，格外要小心處理這些到處都會存在的界線。有時因對新朋友的熱情關懷，反而像在探究他人的私事，比如詢問家裡人口結構、收入情形、婚姻與否……固然無傷大雅，問題也因人而異，但要小心不當的問題確實會讓人產生尷尬的場面。

我們得要承認這世界充滿本有的界線，人類一開始的界線，就是在伊甸園裡那棵分別善惡的樹，在看似神與人之間有一條界線，但源自於神對人最深情的愛。

這部分，作者活潑地刻畫出人性，他指出上帝賜給人最可貴的禮物是「人人有選擇的自由」；這份自由是要讓人生出感恩，也讓愛充滿內心，使人都能自然敞開心去愛別人，因為真愛使人喜樂，「施比受更為有福。」（使徒行傳 20：35）

上帝當然有權柄及能力在每樣事上管束我們，祂卻選擇「除非萬不得已，不對人發出限制」，因祂更美的心意是：期待祂的孩子有天學會管理自己的心。因此，動機律揭櫫的是「自

由第一，服從第二！」（不是不服從或不贊成服從，這裡要強調的是先後次序），若非甘願，就不是好動機，動機律也就不珍貴了，所以，即便出於愛，若動機不正確，仍會帶給人失落、疲憊。

從伊甸園的經驗中，我們看見「界線」有時亦被視為「限制」。

記得許多年前，某位牧師好友詢問我要不要考教牧博士（Doctor of Ministry Program），當時表示除非神要我到神學院教課，這才有意義；經過幾年後，眼看幾個牧師朋友有的已考上正在讀的，有的則已畢業，我想也許應該去進修。於是，就報名了某個神學院，準備就讀，申請過程也挺方便，僅要在網路上填寫個資料，然後，送出，就可以了！

算算時間，差不多花個四年，就能得著文憑。就當我開始要進行時間的規劃安排時，想到還有個東西很重要，一定要考量：金錢！算了一算，這四年的花費，竟高達四十萬！當下，簡直無法置信？於是回頭詢問正在讀的牧師朋友：「你怎麼有錢去讀？」他說：「向我的岳母借的……」

我有一位牧師朋友，師母在早些年已畢業了，我就問他：「師母怎麼有錢去讀？」他告訴我：「因為當年有人支持。」那時，終於明白我的金錢界線了！

許多年來，我看見許多的牧師朋友紛紛到中國大陸進行培訓，到黑龍江、哈爾濱、新疆、雲南、浙江、福建、廣東等地去給當地的傳道人培訓，我也很想去，但一方面孩子還小，另

一方面則是沒機會去。甚至在前些年間,曾耳聞在大陸本地的教會已經強壯起來,不需要培訓,因此,我猜想這一輩子大概沒機會去大陸了。但偶然某次,我在總會開會時,得知總會已和一位長期在大陸的台灣牧師合作,將展開為期多年的傳道訓練計畫,這非常不可思議,所以,很有可能今年暑假,牧師會到大陸培訓。

前者,很想去做,但似乎並非出於上帝的意思;後者,則是不怎麼想去做,但路好像就這樣開了!這就是界線,也是價值的拉距!

我非常喜歡江兒牧師提到的「眼語」,僅透過眼神就知道其心所思,不是用言語表達,而是用心理來表達。其實,人的心裡所思考是最直接的,因為心所想的,自然就會無意間在行為與言語表達出來了!

這本書內容淺顯,沒有艱澀難懂的學說,故事貼近生活,題材活潑,並引用《聖經》強化真理,也提供許多的小測驗,可作為小組的實用素材。

從困惑中尋覓界線與自由！

每次回想起這件事，直到現在，仍讓我有些吃驚！

記得那晚秋風微涼，我們三人一起離開教會的禱告會返家，上了公車，妻子很自然地坐在我身邊，平時與她「有點黏」的這位姊妹淘，只好獨坐後方座位。

就在公車啟動不久，她竟然招手示意要妻子同坐，妻子揮手示意她要與我一起，沒想到這位姊妹立時臭臉，自此低頭不理睬。到站下車，便逕自一人奔回我家頂樓加蓋的住處，不像昔日總會互相等候。

認識這位姊妹時，見她獨自租屋，我和妻子好意要她搬來，一住3年餘，這情誼難道不夠嗎？為這事，她好幾天不搭聲，我們也感覺到這當中有不小的不對勁——若她一直這樣鬧彆扭，不僅荒謬，也等於迫使我們和她「保持距離」！

於是，我要我良善且大而化之的妻子，不能像從前一樣心軟跟她求和，得藉此機會劃定與她的「界線」！除非她先來溝通清楚，否則，這次必須堅持，因之前已有類似情況發生，我們都憐惜她在台灣沒啥親人，想多給她「家的溫暖」，無奈她

卻搞混了角色與關係次序。

　　之後一陣子，她不但沒主動回應，居然有天人去房空了，這結局連基本的禮貌都談不上，遑論多年的情分！

　　對此，妻子當然既難過，並有些疑惑地問：「我們這樣做過火了嗎？」我說：「剛好而已吧！此時你對她若不踩剎車，將來會演變成什麼樣子，妳有把握嗎？」妻說：「呃呃！是啊！」她承認她心裡對這交情有許多不安與怪異。

　　你覺得呢？問題在哪？看似小事嗎？而其中，有多少值得大家學習與討論的地方？可以肯定的是，當時我們夫妻都覺得不舒服，似乎需要有人幫我們釐清些什麼？

　　此事距今已十多年。那件事前後，我雖已翻閱過亨利‧克勞德與約翰‧湯森德合著的《過猶不及》，可是說真的，生活中仍鮮有所謂「界線」的概念與反應！那麼厚的一本翻譯書，在我而言，吸收率很低，簡言之，腦袋裡其實一片模糊，還真怕別人問我：「你看過《過猶不及》嗎？」

　　它，只成了我「眾多看過卻記得很少」的好書之一。因此，

當上述人際分寸問題出現時，我突然有一種極需「回頭去搞懂它」的渴望。怎曉得這一回頭，就發展成了這幾年來，我在社區及教會圈，已辦過十多次的界線課程！是初生之犢不知天高地厚，還是……？

只知有股說不清的熱情，好似有人在背後催促我去嘗試，準確地說，就是要求自己邊寫教案邊學習吧！因為，每多一次分享，便多一次想法的擴張及修正，否則，只關起門來一遍遍閱讀，大概也跳脫不出翻譯書所能帶給我的體會範疇吧！

與其說，這幾年在台灣各處反覆傳講與討論下來，我對「界線」已有多了解？倒不如說，我對界線的學習及體會，確實經歷過不淺的一番功夫，並引領不少人開始認真發覺華人的人際問題，尤其界線方面，確實欠缺許多的認知及實踐，這當中可成長、需調整的空間，既深又大啊！

華人生活裡，人際界線的「模糊與猶豫、困惑與害怕、痛苦與受傷……」種種反應，從我周遭親友及各班學生的回饋採樣來看，單單跟身邊的人說「不」這麼小的事，都覺得困難了，何況其他複雜的情況，恐怕接近「無所適從」了吧！至於長期活在罪疚、扭曲不明或自我壓抑下的人，一定更多了！

然而，我從沒想過有天會寫成一本書。

這事，比較像是路邊不經意長出的一棵小樹！原來，我一直在持續開課的訊息，讓沒來上課的人也注意到了，其中有位雜誌編輯由小姐，某天來電邀請我撰寫這方面的專欄，於是很

簡陋的「腳本」，必須重新架構成為一篇篇有系統的文章，用了一年多時間才擠出一點規模，然而，終究還只是「講義」。

專欄結束後兩年多，本以為這棵樹就長這麼高了，豈料出版社另提出書計畫，我當然既高興又興奮，終於將有一本「不是翻譯本的界線書」要誕生了！更好似另一個我挑戰自己一樣：「你要加油，把它生出來，很有意義的呀！」

並非原有的界線翻譯書不夠（過猶不及、為婚姻立界線、為工作立界線、為約會立界線、為青少年立界線、界線對談……），事實上，它們絕對是這本書養分的來源。

可是，本上的經驗與觀點，以及《聖經》真理在界線上的應用與相關性，尤其上帝在這過程中，確實給了我許多新鮮而奇妙的帶領，特別是串連界線十律的關係，成為極簡易、好用的一套邏輯，學生們都覺得這原則使界線的應用更清楚、好記了！我深信，這是上帝格外要給我們的鼓勵呀！

那是在這課程開辦幾輪後，有次課後在回家的公車上，我忽然心有不滿足地向神說：「主啊！越分享界線，越覺得這些觀念真的對許多人大有幫助！但這當中，好像還少了點什麼？」這算是挺賴皮的禱告，因為連問題都不具體，要上帝怎樣回應呢？這時腦海裡一個念頭乍然浮起：「界線十律，其實是有順序的！」

啊？是嗎？但我記得這幾本翻譯書上從未提過？接著，這十律的關係，便在我的思維裡自行排列。起先，我還不太相信，

此時車子進入隧道，窗外雖一片闃黑，我卻彷彿被老師一提醒，馬上知道怎樣按答案再演算一次，真的很有趣！

原來它們是這樣的關係啊！回家後，我立即調整課程順序；之後，再分享界線的應用時，心裡便踏實了，只能說：「神啊，祢真厲害！」（這原則將在本書第四章的開頭詳細分享）

本書雖以雜誌稿為底，邁向書稿時，卻一路做了不小的擴充，也加入這幾年與人分享或幾次課程裡不錯的內容，嚴格來講，它已算是另一本新作了，連我自己都沒料到會這般呈現！

寫書如同生孩子，是件美妙的生命經歷，尤其讀者學會了「界線」，內化吸收後，應用在生活各個層面，絕對能為生命帶來更新。而這一份必然的驚喜，自然也成了我漫漫埋首燈下數月後，最快慰而可期的回饋啊！於此先祝福各位，你我雖不相識，卻願你得著從界線而來最大的自由！

前言 ▼
最簡易實用的人際準則

　　這世界再怎麼劇烈變動，總離不開「人、事與環境」這三者間的互動，其背後早存在既定法則，只是大半的人未能及早歸結出這些路徑，摸透這智慧，實在令人惋惜！

　　如果，年少時在家庭或學校，就能有這方面的教導，看重而落實，孩子們進入社會後，就不致跌跌撞撞到傷痕累累了！

　　我們的教育系統過於注重知識的傳授，關於生命經驗的學習，不僅付之闕如，甚至連師資的養成，也是貧乏的，因而成了惡性循環；加上這些年，台灣媒體過度且錯誤的介入，促使老師在許多被扭曲的報導後為求自保，大半已退出與學生生命的互動。

　　家庭呢？婚姻迅速崩解，父母九成雙薪忙碌，不但在孩子的品格與人際養成教育上缺席，自身的各種困境更接踵而生，親人疏離問題已成為普遍的家庭現象，間接將孩子們趕入 3C 等影音虛擬的世界裡，蜷縮成孤單的個體！

　　誰能幫助他們？如果連最能陪伴孩子的雙親都失去功能，這危機會擴展到多大啊？

實在不敢再往下想了！

縱然如此，任何的改變總先要不沮喪，由可著力的地方踏出第一步；想要看見這社會恢復溫暖、親密的光景，唯有從健康而自由的自己先開始吧！那麼，大家一起好好來學習「界線」的種種原則，應用在「與自己、他人及環境」的互動上，仍是最簡單的起點。

你或許會問，一定要選擇「界線」嗎？不是另有許多相關的人際輔導學，一樣可幫助我們？呃，那當然！但為何我建議從「界線」著手？主要是多年經驗使我發現「界線」既簡單而完整──幾乎只需記住 20 ～ 30 字，便能解決十之八九的人際問題，這麼實際好用，我豈能不推薦？

或說，市面上已有好幾本界線翻譯書（從《過猶不及》到《界線對談》等等），還寫這本幹嘛？是的，就「相似性」而言，好像多餘了，但若就「區隔性」，它既是第一本「本土」創作的界線書，最重要的是，它還具有「濃縮版」的味道，尤其在本土案例應用上，是前述各譯本裡沒有的。

總之，我的心情其實很簡單，就是好東西不藏私。這本書，便在這種情懷中一點一滴成形了，希望你喜歡，期盼它對你有所幫助！

分享 ▼
界線課程學員心得

　　就在我寫完這本書的同時，我在教會與未婚社青族群間開辦的第 12 次界線課程也剛結束！因為這兩年深刻感受，若要使學員有具體的收穫，必須要求他們回家後複習聆聽課堂錄音並寫作業，這也是我自己從教導「積極律與行動律」上的體會，因此，手邊有了諸多學員們課後的心得。

　　與其我自己再次說「學習界線的好處或改變帶來的益處如何？」，倒不如將這熱騰騰出爐的「學員回饋」取樣出來與大家分享！既真實又客觀，也是本書必將帶給你的盼望與收穫！

　　願上帝祝福您！學會界線，永不嫌晚！

1. 我終於體會到界線是一種保護，過去爸媽希望我晚上 10 點前回家，那時覺得好早哦，跟朋友聊天還沒盡興！不過幾次晚歸後，反而覺得走在空蕩蕩的街頭有點害怕，這個以愛為出發點的界線要求，使我明白其保護的價值，立線界更是防止受到侵害的生活要件。

2. 上界線課，最大的收穫就是每次都在對付我生命中許許多多的「模糊地帶」，果然搞不清楚的東西還很多啊！

3. 婚前找對象的過程，其實都在面對自己的「內在界線」。關係要黏、疏離或持續不斷的曖昧，甚或發展外遇，都跟自我的內在有很大關係。成熟、健康的人際關係，都不是憑白得來，而是需要學習和努力。

4. 以前的界線，來自父母和權柄的要求，雖也問過，為什麼要遵守？卻沒有很具體的回應，總是被罵不聽話，讓我更加反抗別人給的界線，從沒想過別人的界線對自己的意義？或自己對界線的認知是什麼？有時，我的界線也像擋箭牌，讓我有理由做不想做的事，這次上課的整理，讓我有些了解，希望能重新檢視自己的，並學習尊重他人的界線，在各種關係中有正確的相處。

5 學會說「不」，是學會界線的第一步，這對我來說是困難的，因我發現自己很不喜歡別人對我說不，情緒上會很不舒服，總有強烈被拒絕的感受。所以，我對別人就會不容易說不，常造成了界線不清，或雖有定下了界線，但執行力很弱，又回到了沒有界線的情況。我需要時常練習不不不，但是態度要「溫柔而堅定」！

6 人際關係中的天然界線，我看到「空間」最直接可以產生效果！只要有自己的空間，界線自然就出現了。我突然能理解為何男生會有離開衝突現場的情形，以前覺得那是逃避、不負責的行為，現在能接受那是一種處理方法，雖不是最好的，但我也要接受對方用這方法來解決。

7 在學動機律時說到：「思想決定行為，行為養成習慣，習慣形成性格，性格帶來命運」，實在是很棒的提醒！人怎麼思想，就會怎麼行動，自然而然養成習慣，長時間下來，就成為一個人的性格，而這性格會決定我們的命運！所以，若想要改變上述結果，需要從更新我的心思意念開始，這就是為什麼需要多讀《聖經》，明白神的價值觀、律例和誡命，以致我能用神的取代我的，跳脫不斷的惡性循環！

8 這是第二次上江兒牧師的課，總覺得上課的內容更進階，所研究探討的問題更深入，對自己有越來越多的了解，藉著界線的或進或退，反而能對別人有更多的敞開和體諒，並因此感受到神豐盛的慈愛和恩典其實就在關係界線的背後。以往生活得太忙碌，太盲目，忘了靜下心來體會更重要的事：就是能力（律），這其實是從神而來，願我之後常運用界線十律來幫助自己，也求聖靈隨時幫助我，走在神的心意和旨意中！

9 這次上課，江兒牧師提到傳道書 3 章 1-6 節：「凡事有定期、天下萬物都有定時。生有時，死有時……」，讓我當頭棒喝，深感「及不及時」非常重要！過去的我，確實沒體察到上帝對人生各階段（時間界線）的心意，總刻意忽略，常活在自我感覺良好裡。若早點明白這真理，或許現在會過著不一樣的人生。年齡漸長的壓力，讓我感覺「已不及時」，面對愛情，勇氣越來越不足，懷疑多過信心。雖所有經文都指向要有對神的信心，可難免軟弱，內心戲不斷上演啊！

10 我最大的問題是太有行動（律）了！I must do something。我不願意等待，不願意停下來，不想被環境束縛，不甘於現狀……。I must do something different 但每當發現事與願違的時候，我又急著找出路，多半時候，我無力改變環境，只能改變我自己，選擇離去。這幾年，神透過環境來琢磨我，祂不要我亂跑，祂要我接受現狀，等待環境的帶領，領受神的供應。

11 講到反應面的「積極律」時，發現我是一個常逃避吵架的人，所以常忍耐到自己爆炸，然後定義自己是一個脾氣很差的人，現在了解，原來不是我脾氣不好，是我缺乏界線啊！

1

界線,
無所不在!

如何了解生活處處是界線?

你知道生活及生命中處處是界線嗎?我們可試著回答以下 8 個生命面向:金錢、兩性、飲食、情緒狀態、婚前婚後、朋友情誼、工作意義、生命觀所列舉的問題中,思考了解你與界線的緊密關係。

1 你曾借錢給他人嗎?對方是否歸還?是否因此不愉快?你對此事可曾訂下什麼原則?

2 你比較常出現哪一種情緒?請把近幾週的狀態,用適合的情緒形容詞或名詞,依強弱度排列出來?(至少3種,最多7種)

3 你的飲食好惡？吃或不吃的原因是天生或某些經驗造成的？有什麼愉快或不愉快的經驗？

4 對於男女關係，你心中的量尺如何？你害怕親密嗎？戀愛是甜蜜的回味或滿是傷痛？

5 你希望婚後和父母維持怎樣的關係？從住家遠近、金錢關係、休閒生活、決策權、情感連結、家族傳承、父母心願等方向思考。

6 你有親密好友嗎？他們常來你家並留宿嗎？常一起旅遊？多達幾天？沒有他們，你的日子會不會頓時失色？或已成為負擔，也失去了自我空間？

7 工作上，你曾遭遇不愉快嗎？曾被誤解或多半無法溝通嗎？是責任不清楚或負擔過重？你至今換過幾個工作？變動原因相關嗎？

8 你有宗教信仰嗎？簡述你的生死觀？有生離死別的經驗嗎？若有刻骨銘心的記憶請分享一二。現在的生活和你的信仰關係密切嗎？你的信仰是否就是你的生命價值觀？

以上 8 個面向的問題，若你能一一照著這些提問回答，會有什麼發現？是否大半有點模糊、不確定，或好奇有否所謂的「正確答案」？

難道你是舉棋不定的人？或你覺得自己的生命很不成熟？曾想找人聊聊卻顧慮良多？

其實，生活就像上述所敘，牽涉諸多層面，然而不管是與人、事或環境，任兩者間均存在「界線」，只是若未認真釐清，一般人多半會在「不懂界線、不敢有界線、怕過度畫界線」的情況下，懊悔、蹉跎與痛苦地過上大半輩子！

然而，人生最重要的幾個區塊中──「婚姻」最看重親密，尤其需要界線；「友誼」很珍貴，沒界線會毀於一旦；「工作職場」如何進退？界線乃是關鍵；「親子關係」常因界線不對而疏離或退縮；教會內的「服事」很需要搞懂界線，否則忙個半死，竟換來遍體是傷……這樣的結果，有益於誰呢？可見，「界線」的影響不僅不容小覷，某種程度上來說，反而要深究及重視。

分不清同理與同情的差別

尤其在人際關係中常因無法區分「同理心」與「同情心」，而讓彼此相處失去了分際，其區別兩者的關鍵就在「界線」概念上。從字面上來看，不都是要「同」於對方嗎？只是「同」於什麼罷了！也就是說，幫助或陪伴人的訣竅在於心裡的價值觀及分寸，因為面對事物的「動機」即為「價值觀」，而其「分寸」拿捏，則關乎這人是否有「尊重」人的習慣或反應？這兩者，最終會區隔同理心與同情心的差異。

同理與同情的差異對比

同情	同理
為其問題擔憂	重點在其感覺與想法
聽完其敘述竟一時語塞	幫他釐清混亂的感覺與想法
想起你在類似情境的感受	確定你真的明白他所說的
對傷害對方之人感到憤怒	允許對方表達負面情緒
被對方痛苦淹沒	讓對方知道你很願意了解他
為對方感到遺憾	同幫對方找出他的解決之道
將重點放在你自己的反應	重點放在他的反應

一般可從上述 7 項反應來分辨兩者不同的關鍵字，但若你學會了界線，就能從「動機（律）與尊重（律）」兩方面區別。這正是我何以鼓勵，即使接觸過各種人際溝通或輔導的學習，仍需要了解「界線」這奇妙的知識。而且它應用的兩人基礎，竟簡單到由「內」與「外」組成。我所發現的「內」，是指「界線十律」，「外」則是與生俱來的「天然界線」，再加上神在回家公車上給我的感動——「界線的應用先後次序」，若能融會貫通這三樣，你便能很快掌握到生命裡一切關係與互動的準則。

學習界線，要從基本的界線定義入門，我很喜歡《過猶不及》的作者對界線所下的定義，因此，這裡便直接引用其說法，但重整其 4 個範疇的次序如下：

界線就是——

❶什麼「是我」，又什麼「不是我」？我「擁有」什麼權利？相對的，「責任」是什麼？知道「我」是什麼之後，接著——

❷在「它（包括人及環境）、我」之間，「看得見」與「看不見」的領域中，使自己與「它」都生存在合理的「呼吸範圍」。而這所謂合理的「呼吸範圍」，則是——

❸我既不需，也不能為別人負責，同時也不可想控制別人；但我又需對別人、也對自己負責。（不矛盾哦，應該是兼備）因此，要記得學會——

❹屬於你的，要好好照顧它；對你有害的，要盡力擋在門外。真正能掌握界線的人，最終可得著生命最大的「自由」！

從 8 個生命面向了解界線

有了以上清楚的界線定義及概念，我們再藉著前述 8 個生命面向，來聊聊在人生各處充滿了什麼樣的界線？

金錢 | 愛它卻又不敢說！

華人常有「愛錢卻又不敢說」的顧忌，如同餓鬼卻裝客氣，看似謙虛，但實際會不會是一種虛偽？因此，長久以來流傳一個曲解的說法：錢很骯髒！但猶太人卻自小教導並鼓勵孩子要早早學會賺錢！為何這兩民族的歷史一樣充滿苦難，卻發展出差異極大的思想？

有本猶太智慧的書中提到以色列人如何自小鼓勵孩子賺錢，那位母親住過北京，再回到耶路撒冷，孩子們在學校各有一套做生意換取學費的巧思，一是宅配自製在中國學會的東方小吃，一是用網路批售北京當地各類物品，未出校門，他們都已經濟獨立且有餘。

這例子最讓我吃驚的是母親的教導，她說：「孩子，賺錢是人生最重要的事之一。」由此來看全球十大富翁有 7 位是猶太裔，也不意外了。金錢觀念，是父母給孩子最重要的資產，像《富爸爸・窮爸爸》

作者所說：「如果父母不在晚餐時，和孩子討論有關金錢的問題，當孩子長大後，也絕對不會明白如何管理金錢！」

至於金錢與人的關係，最重要的界線應是「**人如何管理它，而非被錢財控制！**」故而，每個人都應當清楚地問自己：「金錢對我而言，是怎樣的意義？在內心深處，居於什麼樣的地位？」再者，你善於理財嗎？曾有借錢給人的經驗嗎？次數及金額？對方有否歸還？是否因此成為煩惱及痛苦的來源？你已了解《聖經》教導「不要借貸」（俗諺說：親兄弟明算帳）嗎？在不愉快的金錢往來之後，你對用錢有訂下什麼原則？從以下故事，我們可看出界線對借貸的影響：

多年前，我有位好友投入直銷業，很快登上翡翠層級，每月總有十來萬的收入，真令人羨慕！不過也陸續出現聞風而來借錢的人，一個8千、一個3萬，一個10萬、一個5萬5，都很急用，這位朋友心軟，沒敢拒絕任何一人，只能要他們承諾說三個月、半年一定還。

借貸半年、三個月到期甚至都過期了，他竟然不好意思開口，直到自己受不了，外加老婆發飆，才只好惶懦地打電話。豈料，欠人的比被欠的嗓門還大，沒等他切入正題，那人便說：「老哥，你嘛幫幫忙，誰不知道你大哥根本不缺這一點錢，何須催得這麼急？何況你也曉得小弟在下我最近走霉運，諸事不順，頭寸調得緊……」

好友在電話這一端被說得心生愧疚，只好頻頻向對方說抱歉的情況下掛掉話筒，先甭說要回錢了，他還差點真的認為自己沒愛心！等到冷靜下來才驚覺：「到底是誰對不起誰啊？」令他大嘆竟落得如此下場，公理何在？為何陷入這般謬境？

我另有一位罹患癌末長輩更是不勝唏噓地說，過去做營造業正旺時，家裡賓客絡繹，後來好友一個個向他求救，他也一一施以援手，最後卻沒一個還錢的，終至全斷了來往。他說，早知道一開始就不借！《聖經》說「不可借貸」，許多人要學會這四字所付的代價，有時竟長達半生之久！

聖經教導

過去，我們總活在被金錢控制的虛假中，如今該做個翻轉，好好認識《聖經》中列居首位的教導，在多達 2350 處談到人與金錢的關係。

關於錢財的影響力，新約裡有個強烈的比喻，在馬太福音 6 章 24 節說：「一個人不能事奉兩個主；不是惡這個，愛那個，就是重這個，輕那個。你們不能又事奉神，又事奉瑪門（瑪門：財利的意思）。」

耶穌不僅未輕看錢財，還抬高它的位階，特別指出它是種利誘。所以耶穌提出此警語：在世人心目中，最重要、在乎的東西，除了上帝，唯有金錢有這能耐與神相爭啊！

所以，請不要再說「我一點都不愛錢，談錢太俗氣、沒水準啦！」，好避開被人質問你心裡對金錢真正的價值觀！一般人常脫口說自己最愛主、要全然跟隨主、倚靠神，但骨子裡卻隱藏「多賺錢」為其真正安全感、倚靠的來源。這是生命的真相、普世的現象，你不用覺得羞愧，大家都差不多，否則耶穌不會正視它的重要性，祂非常期望我們能誠實地去面對，而非遮掩、包裝，甚至口是心非活一輩子。

情緒｜不要天天隨之胡亂起舞！

金錢對生活的影響甚大，接著來談談在日子中也無時不在的「情緒」。近年越來越多的國中讓校外團體進入校園開設「情緒管理」的課程，為何這一群爸媽如此積極，願意撥出時間義務教導？當中或有一兩個可能是他們的兒女外，幾乎都是別人家的小孩，他們圖些什麼？

其因之一是愛心，其二則是看見了問題──深感下一代人際關係有很大的問題──孩子們的情緒問題在生活中層出不窮，構成不小的生命隱憂、社會難題或父母們的重擔，若不介入，只會越來越擴大！但教育體系裡竟沒有這方面的教導？這是怎麼回事？簡言之，千年傳統裡認定士大夫階級（讀書人）才是尊貴、有價值的錯謬文化，正是今日教育仍舊「重知識（考試與成績）、輕生命」的元兇！然而，用時下的說法是重 IQ、輕 EQ。這樣的偏差，早已被許多研究及學理推翻了。單看最近才出爐的一項大型追蹤調查，更可篤定得著一致的結論：美好人生建立於良好關係！這是哈佛大學長達 75 年關於「快樂」的研究結果。

此研究從 1938 年開始，歷經 4 位主持人，總共追蹤724 位成人，每年研究團隊都會詢問這些對象的工

作、生活、健康等狀況，包括最後一任該校醫學院臨床精神病學教授羅伯 · 威丁格（Robert Waldinger）。

這份長達 75 年來、幾十萬頁的訪談資料與醫療記錄中，究竟帶來什麼啟發呢？有個很清楚的訊息是：「良好的關係讓人維持快樂與健康」，威丁格教授微笑表示這其中包含三個重點：

❶孤單有害！多與人互動有益健康！
與家人、朋友、社群保持較多連繫的人，心靈較快樂、身體也較健康長壽。

❷朋友不在數量多寡，在關係深淺！
高衝突的關係對健康有負面影響，反之，良好與溫暖的關係對健康有保護作用，親密的關係能減緩老化帶來的衝擊。

❸良好關係不只保護身體，也保護腦力！
能否在年老時感受到仰賴與信任另一方，對腦部健康，尤其記憶力，有重大影響。只不過，對多數人而言，維持關係並不是件簡單的事，著名心理學家阿德勒曾說：「人的煩惱都是從人際關係而來。」所以，不論你現在幾歲，請自問是否知道怎麼打造美好的人生？（本段研究資料，參考 TED 網站文章）其實，人際關係的第一步，就是從「情緒管理」開始。你

可以從「覺察」開始學習面對情緒，如同心理學有個抓蟲概念，農夫要提高結果率，平日要先除蟲，所以請你在家中明顯的位置貼一張紙，天天紀錄當天主要的情緒，不論正負向，7 天後，結算這週的代表性情緒（1～3 個或 1～5 個，依強弱度排列）。

重複這個週期的統計工作，選出這一個月的代表性情緒（1～3 個或 1～5 個），在一季之後，即清楚可見自己的情緒分布量表，方法雖有點笨，卻能實際感受自我覺察的功效，進而認識自我的情緒狀態。

當我在國中帶學生進行「得勝者」課程時，便要求孩子誠實紀錄，加上給予情緒分布量表的分析與回饋，都有一定的幫助。短短一季呈現的結果雖有其限制，但這個課程及練習最重要的目的，主要是讓孩子真實覺察情緒的存在及影響，以及我們該如何與之相處，並轉化和提升。

一個人若自小能有此認知、面對的能力，並懂得求助或學習，情緒便不會只是困擾或成為破壞力，反而是助力！一負一正間來去，加上數十年累積下來，真可謂差之毫釐、失之千里啊！只可惜，多數人到了七老八十，都還與情緒胡亂飛舞，對一生的虧損之大，實不可小覷！

聖經教導

人若靠自己去壓抑，常常適得其反，我們應當學會倚靠真理去管理情緒。以下《聖經》經文，幫助你學會管理自己的情緒。

1 要常常喜樂，不住的禱告，凡事謝恩，因為這是上帝在基督耶穌裡對你們的旨意。（帖撒羅尼迦前書 5：16 － 18）

2 我的心哪，你為何憂悶？為何在我裡面煩躁？應當仰望神，因祂笑臉幫助我，我還要稱讚祂。（詩篇 42：5）

3 喜樂的心，乃是良藥；憂傷的靈，使骨枯乾。（箴言 17：22）

4 凡勞苦擔重擔的人可以到我這裡來，我就使你們得安息。我心裡柔和謙卑，你們當負我的軛，學我的樣式；這樣，你們心裡就必得享安息。因為我的軛是容易的，我的擔子是輕省的。（馬太福音 11：28 － 30）

5 你們要將一切的憂慮卸給神，因為祂顧念你們。（彼得前書 5：7）

6 但你們各人要快快的聽，慢慢的說，慢慢的動怒，因為人的怒氣並不成就神的義。（雅各書 1：19 － 20）

飲食│「吃東西」背後有何哲理？

對於吃東西，你有怎樣的好惡嗎？或說吃飽、吃好、吃的學問等，有你的一套看法，而這些是與生俱來或某些經驗累積而成？成長過程中，曾有哪些愉快或特別不愉快的經驗發生，成為你今日對飲食喜好的強烈反應？

就像有人堅持吃素，認為不殺生是慈悲；有人禁食40天，希望用肉體的飢餓來勝過靈魂的爭戰拉扯；有人過午不食，古時是種修行，今天則發現對免疫系統有奇妙的作用……，這些背後的生命哲理，你認同多少？

更有人說，大吃大喝是一種精神的缺乏所致，缺了愛、沒安全或是生命虛空無價值的補償行為，是這樣嗎？然而，對於過去長期處在飢餓夢魘歷史裡的中國人而言，吃，哪有那麼多的道理，天天三餐有吃有喝便謝天與感恩了！

這種先肉體後精神，形而下的真實，當然一點不輸於各種形而上的意義，因為「吃」這件事，的確隱含著許多生命內在的反映。

吃，可使人的感官不斷有美好的滋味與體會，帶出

37

難以言喻的幸福感！吃，絕對是與人活著有其並存
的重要意義。而且據統計，全世界雖多達七十多億
人口，上帝供應這地球的糧食卻不曾缺乏，但問題
卻出在人的貪婪，造成貧富懸殊，因而全球有近四
成的人口處於挨餓的邊緣。

所以，形成了這世代極諷刺的現象：高度文明開化
地區的人們苦於肥胖，拼命研究各種減重方法，如
何節制口腹之慾成了新世代的顯學；乾漠荒冷之地
則老少盡都飢腸轆轆、三餐不繼，人活著卑微到只
求一口飯卻仍不可得！**吃，既挑戰著人對自己生活
的管理能力**，更關乎人與人間，愛心能否真實臨到
遙遠且被邊緣化的世界某一角？甚至嚴肅到可能牽
動多數人的生死。吃是大事，歷世歷代、古今中外，
從來都是息息相關於生命之道的重要界線！

💡 聖經教導

關於吃的論述，保羅把「吃」這事延伸到深刻的信仰內涵上，他說：「吃的人是為主吃的，因他感謝神；不吃的人是為主不吃的，也感謝神。」（羅馬書 14：6）又說：「因為神的國不在乎吃喝，只在乎公義、和平，並聖靈中的喜樂。」（羅馬書 14：17）

原來「吃」的背後，可以傳遞生命的自由度，也可反映其愛的深度，上帝更信任我們，好叫我們可以藉著「吃」，身心靈學會真實的自由！可惜，世人多半不是拘泥在這端、便在那端，或者彼此在表象上批評、論斷，未能好好承接聖靈要賜給我們的喜樂與智慧啊！

感情│戀愛與身體該有的距離？

「學會真正的自由」是神對人的美意及期待，上一段焦點在吃喝，若不在乎靈魂的狀態，從外表看，頂多帶來胖或瘦，健康或疾病的差別，但若論及「男女關係」，每個人心中的不同量尺所導致的結果，可就茲事體大了！

提到男女關係，首先觸及的話題是「戀愛」。精神科醫師斯高特・畢克（M. Scott Peck）曾說：「戀愛是一種由遺傳因子所決定，尋找配偶的天賦行為！同時是一種暫時性的『自我界線之瓦解』。」

戀愛時容易有種錯覺，以為所愛的人是完美的，也很難相信對方有瑕疵，很輕易便墜入「神魂顛倒」。若是祕密或被反對、禁止的戀情，更使人如飛蛾撲火；戀愛時常忽然覺得多數事物淡然無味，甚至失去了工作也無所謂！

戀愛中的人都有幾分像「德蕾莎修女」，甘心為愛人的福祉做無限制的付出，並誤以為自己已不再「自我中心」了，不論對方過去任何經歷都微不足道（兩次離婚、三個小孩、欠債、換五次工作……），只想兩人待在那快樂之境，不需成長，不管未來有否發展！

但是，以上只是它的「表象」，真相是：這世上沒有天長地久的戀愛。據統計，戀愛平均壽命 2 年，且戀愛的經驗根本不能叫「愛」，僅是「喜歡的錯覺」。田諾博士為此造了個新字 Limerance（因人而神魂顛倒），以區分它與「真愛」有別。所以除非戀愛結束了，否則真愛無法開始。

其實人類最深處的情緒需要並非「墜入情網」，而是真正「被人所愛」。這樣的愛要求努力和紀律，需從「態度」開始：我選擇為你尋求利益，所以我願意學習，並去實行；這樣而來的愛，才真的甘美、踏實、持續、深刻、被祝福、有力量。

令人憂心的是，大多單身青年並不明白真愛。2011年，據美國《時代》雜誌報導一項對 5200 名單身者的調查研究：

21 ～ 65 歲 ｜ 單身者調查研究

72%
單身者未來會選擇同居而不結婚。

54%
單身者表示支持「一夜情」的立場。

36%
單身者對「逢場作戲」持開放的態度。

這一現象顯明了當今單身男女在婚前所面臨極大失序的挑戰，男女關係的界線近乎瓦解了！雖然幾千年來，中國人的男女關係是過於保守僵固，但這近百年解放、鬆綁後，又未免太寬鬆到無邊際，這種兩端的發展，絕對會帶來極大的傷害及後遺症。

因此，兩性的界線，如今該提前到國、高中階段充分給予孩子們清楚且正確的教導，而非任隨他們在網路、媒體或隱密的環境裡摸索，不然，多數孩子將可能難以把持界線且偷嚐禁果。

過去已有 9 月墮胎潮的驚人現象，現今更朝著「三節」（聖誕、跨年夜和情人節後兩三個月）邁進，墮胎的頻率與數量都飛速上升。其實，這當中，許多孩子渴望的是「愛」而非性，卻因錯誤的認知與生命迷惘，鑄成了極複雜而傷痛的後果。

愛情有所謂的「親密、激情、承諾」三元素，隨著戀情發展會有不同程度的進展。怎麼拿捏男女交往的實質界線才好呢？

藉由動物學家笛氏門・毛里斯（Desmond Morris）的研究，我們一起來認識兩性肢體接觸進展的「親密關係 12 階」（也就是 12 段的界線）。

12	性交	
11	手和性器官的接觸	**婚姻階段**
10	口到胸的接觸	
9	手和身體的接觸	
8	手和頭的接觸	**穩定交往階段**（拍拖時間至少十八個月或以上，及雙方有計畫將來的目標）
7	**接吻等臉部的接觸**	
6	摸腰	
5	摟肩	**戀愛初階段**（拍拖一至十八個月）
4	牽手	
3	聲音傳達	
2	互相注視	**朋友階段心動時分**
1	眼望全身	

這 12 階段，每 3 小階再分為四部分。前 3 項屬一般朋友的社交行為；4 ～ 6 是戀愛交往中的自然行為，有較深的情感，已跨到愛情界線裡，若沒有愛情，不該有這些行為；7 ～ 9 為第三部分，屬於能引起生理反應的親密愛撫行為，是為了 10 ～ 12 的需要做準備。

而這 12 階的「禁止進入」牌子，應矗立在第 7 項「接吻等臉部的接觸」之前，否則之後兩人身體將如「溜滑梯」般快速墜入情欲。

因此，婚前若過多超越「身體」的界線，兩人就會產生各種不安及猜測，心理開始有不道德的化學變化，不但混淆了情感的虛實，最終將淪為以「身體」為承諾而相互欺騙的惡性循環。所以戀愛時，聰明的人就會懂得守住身體。《聖經》在這方面的提醒與教導甚多，與世俗的落差頗大，只是不知你的看法如何？或，你真的會堅守上帝的要求嗎？另外，談到親密關係，你會害怕嗎？或曾在戀愛時，留下了美好的回憶？抑或充滿失望與傷痛？

聖經教導

男子著迷女性之美，源自於創造主的美意，在《聖經》開頭已清楚記明此事，說：「因此，人要離開父母，與妻子連合，二人成為一體。」（創世記2：24）這種身體親密的快樂，是夫妻健康愛情現象的一部分，絕非供應男女在婚前完全照著天性情慾相愛戀，隨心意以求滿足，貪圖肉體恣情縱慾所用。

應當視自己的身體是上帝神聖託管之物，不應讓個人縱慾及私心惡習發展。「豈不知你們的身子就是聖靈的殿嗎？這聖靈是從上帝而來，住在你們裡頭的；並且你們不是自己的人，因為你們是重價買來的。所以，要在你們的身子上榮耀上帝。」（哥林多前書6：19、20）

分離 ｜ 充滿生命智慧的放手！

一般人認為自己「最愛的是父母、家人」的這種說法，乍看沒錯，東方家庭尤其如此，許多家庭的紛爭呈現「生命問題、家庭難題與婚姻糾葛」三者的如影相連，若將其關係簡化，可對應以下三方面：

❶生命問題： 過度寵愛兒女的「直升機父母」與賴著父母長不大的「媽寶」現象。

❷家庭難題： 婆婆離不開兒子的「婆媳之爭」佔大多數。

❸婚姻糾葛： 夫或妻沒有（離開父母）真正獨立、成熟所衍生而成的。以我為例子，讓大家了解當中的關係。

我的母親 88 歲，我也 57 歲了，大約 7 年前，我放下工作回老家陪伴雙親，父親因病躺臥在床，母親則因大腿跌傷無法下廚；天漸黑了，我準備到廚房煮晚餐，沒想到媽媽從屋裡喊道：「別忙，去外邊買東西回來就好啦！」我說：「媽，我要自己煮，我不喜歡吃外邊的！」她竟脫口問：「你會煮嗎？」

我笑著回說：「嘎！阿母啊！你怎會擔心我不會下廚，我在外地居住快 40 年，結婚也 20 多年了，怎麼可能

還不會煮！」媽媽聽了之後尷尬地哈哈大笑起來。

晚上洗完澡，我將全家人的衣褲放置洗衣機內，正要開機時，媽媽看見我要洗衣，馬上又說：「這是我的事，放著放著，你不會洗啦！」我更吃驚了，「我不會洗？」我再次沒好氣地頂她：「媽！那我這 30 幾年都穿著臭衣服過日子嗎？」

這例子，好笑嗎？其實蠻離譜的吧！我並沒輕看母親的呵護之愛，只是感到可惜，因沒人跟她分享界線的概念，她是傳統中國裡過度「負責」的典型父母，我都年近半百了，她竟不認為我有「能力」下廚及洗衣，甚至可說不曾意識過，她這樣的寵愛可能使我成為一個軟弱無用的老男人！

類似這種情況下過日子的東方家庭，應該不少！長輩心中總掛慮著萬千個擔子，兒女卻長不大，或各種生命該有的反應與習慣荒謬而混亂，上下兩代分別被綑鎖在「過與不及」的兩端。

每個人都需有清楚的「界線」觀，別說你年紀一把了，不用再學新事物，只要你活得牽腸掛肚，便是不懂得「放手」，就像我母親一樣，她確實被自己過多的愛框住了。

但我相信，為數不少的父母親會理直氣壯地說：
「啊，沒辦法啊！這孩子就是還得我幫著，沒有我，
他怎麼辦？」這種無止盡的「過度互需」，到最後，
將嚴重扭曲成為「病態共生」，其實這背後甚至可
說是種「軟性掌控」的堂皇藉口啊！

不過，「離開」這事，若處理不當，或進行的過程
太粗糙，孩子常得背負不孝、過河拆橋之類的罪名
而裹足不前。其實，長輩若夠成熟與包容，由父母
主動提出，更是極美好的一種生命成全。

這道理，從植物的生長演進現象即可輕易體會。若
果子未被摘下食用，就會被蟲鳥吃掉，而其最終的
目的是讓種子落入地裡，發芽生出新的一代，這才
是它亙古不變的生命路徑。這事不需討論，也毋庸
思考，唯一的啟示就是：「分離」是生命永存的必
然過程，天經而地義！

所以，請想想結婚後，你希望和父母維持怎樣的關
係？可以從住家遠近、金錢關係、休閒生活、決策
權、情感連結、家族傳承、父母的心願等領域，與
配偶一起慎重地討論並想出適當的做法。

💡 **聖經教導**

關於「離開」，創世記第二章明確指出：「人要離開父母」，
這也是《聖經》裡最早而明顯的界線經文：「因此，人要
離開父母，與妻子連合，二人成為一體。當時夫妻二人赤
身露體，並不羞恥。」（創世記 2：24 － 25）這話裡其實也包
括「父母要離開兒女」，若長輩能主動提出「離開」的正
確心態，不但合神心意，而且容易實施多了，尤其不致讓
晚輩為難，說了這話彷彿要言者背負被質疑不孝的風險！

朋友｜人與人「最自在的關係」！

 好朋友包括三元素：彼此喜歡、認識對方、常在一起。縱使有人說話太直，可能一時無法消受；或有人太含蓄，需花時間揣摩，但只要彼此喜歡，就會有動力去解決差異，慢慢磨合。

現代人每天看似忙於回覆電子信件或上臉書打卡，夜深人靜時，卻才發現自己仍無人作伴、甚覺孤單，人並不會因現代科技發達而減少對「聚在一起」的需要！由此來看，何以上帝在創世之初便說：「那人獨居不好，我要為他造一個配偶幫助他。」（創世記 2：18）自有其深刻的意涵。

然而，到了 21 世紀的今天，全球卻吹起了獨居風，「一個人住的效應」不斷發酵！根據歐睿國際公司（Euromonitor International）的調查，全球獨居人口從 1996 年的 1.3 億，到 2006 年正式突破 2 億人，10 年內增加了 1/3。為什麼會這樣？這會是暫時的現象，還是將一直往上攀升呢？

不論如何發展，可確信的是，人是無法長久一個人獨活的。「獨居」的希伯來文 Iebad 譯作「單獨」，有分離、疏離的意味，更代表「不完整」，意即：「單獨的人是不完整的」。自古至今，猶太人都認為孤

單一人過日子算不得真正的生活，所以他們很重視家庭生活。

獨居，不會立即引發傷害，但長此以往，人的精神需求將出現強烈的孤單感！孤單感本是好的，提醒人去尋覓愛與建立關係，可惜現代人卻反應錯了：放任自己陷在孤寂裡，與人隔絕，甚至做出憤世嫉俗、攻擊人、自戕等十分不當的事，生命反倒扭曲與極端了。

孤單感也可促使人轉換成一種生命的操練，尤其有正確的信仰為根基時，可往「與神獨處、親近主」發展，這種暫時自願離開人群的練習，反而能讓生命更新，也是一種靈魂深處的享受。

據研究，在婚姻中，配偶若能像朋友般自在、無所不談，既可消除個人的孤單感，更能享受人與人最深的親密關係。夫妻彼此作伴，雖不可能滿足雙方所有的需求，但在長期的愛裡，能幫助彼此活得更愉快且充滿盼望。當然，健康的婚姻關係不會將對方閉鎖在家，而仍有各自結交朋友的自由，彼此既有交集亦保有獨立空間。

《做個超級好朋友──如何結交一生的摯友》的作者約翰‧湯森德問朋友說：「摯友對你有多重要？」

今天，許多人對結交新朋友似乎逐漸缺少熱情了，但湯森德提醒：「你不知這有很大的損失嗎？生命其實能因摯友而更美好。」如果我們不覺得如此，作者又補充提醒說：「也許是因我們不曾交到真正的好朋友。」

被好朋友出賣，當然難免，因好友而受傷的，自然也不少，以致有些人年紀越長，為了明哲保身而退縮不再交友，雖無可厚非，卻因噎廢食了，也未免太驚惶，人生裡，益友終究比損友多。

因此，試著問自己，你和朋友在一起常聊些什麼？平時相處有多少時間？都做些什麼？他們常到你家嗎？會住宿嗎？常一起出去旅遊？沒他們，你的日子會不會頓時失色？或是生活被他們塞太滿了，失去了自我空間！

反過來看看你與人互動的另一面，你最不喜歡別人談論你哪方面的事？你的祕密多嗎？你的「敞開度」如何？你熟知自己有哪些「地雷」嗎？當旁人指出你的盲點時，會惱羞成怒嗎？你能在眾人面前說出自己的隱私，尋求協助幫你跨過那些難處。

💡 聖經教導

耶穌被釘十字架前，對門徒說，以後不再稱他們為僕人，而是朋友了。耶穌知道對人而言，朋友才是人與人間「最自在的關係」，祂不但是人的救主，也是最好、忠誠的朋友。

《聖經》中提到朋友的經文，最多在箴言上：「朋友乃時常親愛，弟兄為患難而生。」（17：17）；「朋友加的傷痕出於忠誠，仇敵連連親嘴卻是多餘。」（27：6）「膏油與香料使人心喜悅，朋友誠實的勸教也是如此甘美。」（27：9）「鐵磨鐵，磨出刃來；朋友相感也是如此。」（27：17）

至於「損友」，《聖經》中也有教導：「我兒，你若為朋友作保，替外人擊掌，你就被口中的話語纏住，被嘴裡的言語捉住。」（哥林多前書 15：33）「你們不要受迷惑，濫交敗壞善行。」（箴言 6：1－2）不管正、反面，都值得我們去琢磨與思考這些充滿智慧的提醒，以便助益自己的一生。

工作 │ 為了金錢，還是敬拜神？

工作，與人的關係非常微妙，尤其男人，若沒了工作幾乎等同「失去了價值」；但工作太重，又容易壓垮人，彷彿自己是奴隸，活得無奈而沮喪。所以，怎樣才算剛好的工作量呢？什麼稱為喜歡或不喜歡的工作呢？這是個頗難解的人生習題。

與工作對應的是薪水，因此，你到底為了錢財才喜歡或努力工作，還是無關乎利益，而是背後所得著的成就感，才是你打拼的真正動力？若拿掉酬勞，你真的可以單純為工作而工作嗎？能持續多久？恐怕過了臨界點，你才知道真正的動機。

若工作只是做事，自然單純多了，問題是：日長月久的相處中，引發的是各種人際問題和現象，例如：上司及下屬的角色與權柄間複雜的運作，同事間情感與工作競爭帶來的微妙牽動，乃至其中男女同事朝夕觸發的曖昧變化……並非只是上班打卡進公司、下班刷卡便走人這般公式化。

加上近代工業變革與集團化之後，越來越複雜的各式企業組織新模式，經營者與投資者既是股東又是員工等，許多人的工作職位與責任，往往交錯到難以一刀切割清楚，這種情況下，到底是人掌握了工作，還是工作已反過來控制了人呢？

要是你信了上帝，當中還有個叫「事奉」的觀點，常聽牧者教導說：「工作即是你的事奉」，只不過，工作職場上的多元多變已夠挑戰，「事奉」是從信仰而臨降的意義，完全置之不理也不可能，但若要在乎，本就心力不及了，豈不雪上加霜？或者，「事

奉」其實是賦予工作更好的動力，並非來找碴的！

有位叫賴羅伯的蘇格蘭人，就是個活出「工作即敬拜」真實信念的人。17 歲時他將自己完全獻給主，19 歲先在硬體設備批發銷售公司當售貨員，之後獨資開設郵購銷售公司，均以低廉的價格售給顧客，生意非常成功，之後與農夫聯盟貿易公司合併，擔任總經理，時間長達 60 年。

然而，賴羅伯特別之處在於，他深知職場生活就是神的工具，是為了領人認識耶穌基督，所以起初便奉獻 10%，到了 25 歲更奉獻盈餘 50%，並持續 60 年。賴羅伯給了宣教群體和基督教機構長遠的支持，無數人因而得以認識耶穌基督。

另外，他撰寫《這就是原因》這本關於生活和信仰基本問答的小書，帶領成千上萬的人信靠基督。書裡除了公開談論自己在基督裡的信心，二戰期間如何投入戰爭和飛行員協會的事奉外，更提及他對工作意義的了解，即工作與事奉間的密切關係。

以賴羅伯的例子來看，你的人生是否也像他一樣，完全降服於主？如果是，你的職場生活必成為祂在你裡面的延伸。那麼，試想在工作上，你曾遭遇什

麼樣的不愉快嗎？如何看待這些經歷？

或者，你有意識到你的人際和福音之間的關係嗎？
你與上司及同事的相處有困難嗎？若被誤解，你已
曉得如何溝通嗎？若權限混亂或負擔過重，你知道
如何釐清？你至今換過幾個工作了？前後幾次變動
的原因相關嗎？

 聖經教導

歌羅西書3章23至24節説：「無論做什麼，都要從心裡做，
像是給主做的，不是給人做的，因你們知道從主那裡必得
著基業為賞賜；你們所事奉的乃是主基督。」上帝的意思是：
身為基督徒，不論作什麼事，都是為了反映基督，工作不
再只是工作，而是從心裡對上帝真誠的敬拜。

生死｜有怎樣的感受距離？

死亡，我從很小就常擔心著，它像不能預知的危險如影隨形跟著我。在 6 ～ 7 歲時有個很清晰的記憶，若半夜起來尿尿，當我躡手躡腳經過雙親睡覺的蚊帳前，藉著床邊微弱的小燈，我總會用力打量蓋在他們胸口的棉被是否高低起伏著？因為，這代表爸媽還活著。

沒人正式告訴我死亡是怎麼一回事？只是在小鎮的街上，若經過治喪人家的騎樓前，哥姊們總吩咐我要趕緊走過，口裡還要碎唸一些自己都不懂的字詞，聽說這樣才可避免沾染有關亡靈的種種不祥。

我們家三代 14 口住一起，童年溫暖、熱鬧又有趣，我不曾想過有一天這最美的記憶會破損，就在我 18 歲那年，祖母因病突然撒手而逝。接到通知奔回的清晨，觸目迎來從未有過的氣氛，家門前飄著一整列白色的幡旗，風吹布揚，哀淒無比。

過去，曾風聞這事，隱伏於猜測中，這時親眼見它，驚惶中夾著疑惑，弔詭裡混著莫名的沮喪，死亡啊，你到底是什麼？在我生命旅程中，已不再是傳說了，而是真真實實的人生無奈啊！

最後，有點嚴肅地想邀請你來思考：有宗教信仰嗎？可以簡單說說生死觀？至今有過生離死別的經驗嗎？是否鑄下刻骨銘心的記憶，請分享一二？你現今的生活重心與信仰的關係密切嗎？你的宗教信仰是否也是你的生命價值觀？

💡 聖經教導

在《聖經》中將死亡比喻為「睡了」，因為死亡的旅程，是從沒人去過又回來的，除了耶穌基督之外。「論到睡了的人，我們不願意弟兄們不知道，恐怕你們憂傷，像那些沒有指望的人一樣。」（帖撒羅尼迦書4：13）經過深入默想，發現這兩字不單是比喻，恐怕也可說「死亡就真的是睡了」，是一個人有次睡著了之後，經過很長一段時間才會再醒來。

何時醒來呢？經文記載在隨後的16至17節：「因為主必親自從天降臨，有呼叫的聲音和天使長的聲音，又有上帝的號吹響；那在基督裡死了的人必先復活。以後我們這活著還存留的人必和他們一同被提到雲裡，在空中與主相遇。這樣，我們就要和主永遠同在。」

這是何等明確的應許，讓人不再對死亡概念模糊，數千年來恆在憂心、猜測與不安裡過一生，誤以為「人生不過八、九十年」跟知道「生命可以與永恆連接」，那是多麼懸殊的生命觀！

而耶穌要離開祂的門徒前，其實已將祂從天父而來，清楚的領受與啟示說出：「在我父的家裡有許多住處；若是沒有，我就早已告訴你們了。我去原是為你們預備地方去。」（約翰福音 14：2）

因此，希伯來書 11 章 16 節有段安慰且賜人屬天盼望的話語：「他們卻羨慕一個更美的家鄉，就是在天上的。所以神被稱為他們的上帝，並不以為恥，因為他已經給他們預備了一座城。」

1

與生俱來的
天然界線

從神創造而來的界線

許多人或許會問：「界線怎麼來的？又是誰說的？」

有道是：「萬物皆從神來。」，所以我說：「界線是上帝給的！」
另一種說法是：因人是「有限」的被造物，所以一來到這世上，
便「自然」地活在限制裡。即便你不服氣，試圖想活在「沒有
界線」的地方，除非你離開這世界！否則不是「要不要、想不
想、能不能」的選擇，而是受造者的定規與事實，無法改變。

上帝是無所不在、無所不知、無所不能；未有這世界卻已先有
祂，這世界結束之後祂仍存在。總言之，上帝完全沒有限制。

但人呢？既是被造、隨時會沒命；不知何時生命會出現，更不知曉哪天會消失；在這裡，便無法同時在那裡；過了今天，便無從知道明天會發生什麼；經常覺得懊悔，卻永遠無法重來，老愛說：「早知道，我就……」，許多的不知道、力未能逮；許多的夢想如風、理想如雲、盼望成空。

界線卻由此開始，成為許多人的智慧與生命流暢的起點！有了這起點，就不難理解這些早已存在每個人身邊、各種所謂的「天然界線」，更能讓人體會到「上帝為了你我賜下的恩典」有何特別？原來是，人雖受到限制，但上帝卻又給了好大的彈性！

不信嗎？請看哥林多前書的這兩段經文：「凡事我都可行，但不都有益處。凡事我都可行，但無論哪一件，我總不受它的轄制。」（6：12）「凡事都可行，但不都有益處。凡事都可行，但不都造就人。」（10：23）

從這兩句中，你發現了什麼？上帝是何等地相信我們，祂說我們「什麼都可以做」，連不可做的事之「主權」都完全交給我們。這意味著，你需要學會怎麼判斷，**這判斷的準則便是「界線」的觀念**；因此你一旦學會了界線，便可得到極大的自由與聰慧，生命與生活皆能悠遊而自在！

停下來，做個練習：

請打開《聖經》，試著從創世記開始，尋找其中任何有關界線
的經文或事情的記載，或者請以界線的角度，找出相關的字句。

《聖經》涵蓋各種界線

《聖經》當中最重要的界線有兩個，一個是正面的「愛」，另一個是反面的「罪」。

《聖經》談「愛」，舉世皆知是在哥林多前書13章4至8節：「愛的真諦」。愛，有何真諦呢？其實在於如何活出「愛的各種行為界線」：愛是恆久忍耐，又有恩慈……愛是不自誇、不張狂、不作害羞的事……。

放在第一句的「忍耐」，堪稱愛的最底（低）線。因為若只偶而忍住一次，絕對不夠，需一次次努力，延伸到「恆久」。

然而，忍耐是「被迫」（被動）而生的底線，這樣的愛豈不有待加強？應當要轉為甘心樂意「主動」的愛，才是有「恩慈」，也就是：對你不好的人，你能對他好，但這確實非易事！這段愛的教導，十分豐富而耐人尋味，值得你我一生的學習及實踐。

至於「罪」，羅馬書斬釘截鐵地說：「罪的工價乃是死！」（6：23）工價，即「必須付上的代價」？如果只需付出一些代價，則不論多少，都是可處理的，問題是，它需付上的不是金錢，或多昂貴的寶石，而是「死亡」，這世上就沒一個人付得起了！越過這線，一切都煙消雲散；因舉凡是人，在罪之前，皆無下一步及出路了。

自古以來，「殺人者死！」是很嚴重的，卻還不如「罪的工價乃是死」。殺人者死是人類世界不成文、最大的交換界線 用命償命。但在上帝的標準裡，罪無分大小，若不對付、不禁絕，終究會帶向死亡，這是很多人還沒意識到的可怕！為什麼這樣說呢？不是有些罪犯了，例如：撒點小謊、忌妒他人，傷害不大嗎？怎會與死亡扯上關係？其實，罪的相應並非「無罪」，而是「聖潔」（純潔無瑕）。何況沒有人可以做到全然無罪，所以無罪只是個推論，根本不存在。

無怪乎，《聖經》裡敘述罪的起源，是指伊甸園裡夏娃與亞當「不相信」上帝，卻寧可聽信蛇的謊言，也就是人把生命的焦點從上帝的身上移走，而轉到魔鬼撒但身上。這看似個無傷大雅的小偏差，但稍有想像力的人不難理解，隨著路徑越偏越遠，人就會被那背後更大的汙穢敗壞所擄去！

因為方向背道而馳，生命勢必到不了上帝引領我們的地方，這怎會是小問題？所以「罪」帶來的最大影響，是關乎生命最終的去處，豈不茲事體大！身為上帝的兒女，必須與罪採取「涇渭分明」的態度，而非什麼大罪不犯、小罪無妨的輕佻界線。

罪，當然無分大小多寡，在《聖經》中的「十誡」，就是上帝對人類行為要求最基本的十條界線。可簡化為前四誡，是對待神（天道）的法則，後六誡，則是對待人（人道）的大原則；最終則可濃縮為「順天愛人」。

幾千年中國文化所戮力追求的何其長篇人論啊！《聖經》裡卻早已扼要地揭櫫這奧祕給神的兒女們，而且當中都有界線的涵意，由以下例子可知：

不可含怒到日落（以弗所書 4：26）

上帝畫下一條「時間」的界線：怒氣要在日落之前停住即可！

由此可見，怒氣不是壞東西，它存在一種功能：我的界線受到了侵犯！當人可能被傷害或有被控制的危險時，它會幫忙發出警告，同時也給予解決問題的能力，保護自己及所愛的人，甚至是護衛自己做人做事的一些原則。只是，就像其他情緒一樣，怒氣沒有時間概念，我們必須學會與怒氣相處並轉化：

- 藉著那些在你怒氣中仍愛你的人，去經歷神的恩典，這是勝過怒氣的第一步。
- 重新修補受傷的靈魂；得到的醫治越多，你的怒氣就會漸少。
- 當建立合乎《聖經》教導的界線，你將發現自己會逐漸有安全感、信心，不再被畏懼人的心所奴役了。

一天的難處一天當就夠了（馬太福音 6：34）

為何以一天為單位？它的奇妙在於：《聖經》中，上帝叮囑人「不要害怕」的次數，不多不少剛好 365 次！有神同在的每一天，我們活著不用懼怕，上帝隨時與祂的兒女同在。這不僅是莫大的恩

典與愛，也是祂對我們的要求：孩子，你要信靠神，天天仰望祂，而不是靠自己面對難處；何況人生有太多情況，根本無從解決！

過日子以一天為單位才聰明，每天日頭會落下的意義是：每個人只要在白晝盡力去做，黑夜來臨時，做不完或沒做好，便可交託給神！人是有限的，該睡則就寢，隔天晨起，困難也許便消散了！否則，你憂慮也無用，常熬夜還損傷身體；若仍想挽救，只有跟上帝禱告！因思慮並不能使壽數多加一刻！明天自有明天的憂慮，那就「一天的難處一天當就夠了！」這才是倚靠神而活的聰明子民。

惟用愛心說誠實話（以弗所書 4：26）

這是屬於一個「愛」與「話語」的界線。第一次聽到某牧師解析「用愛心說誠實話」這經文，他用數學平面座標「四個象限」的方法拆解，變得簡單有趣也更容易理解：

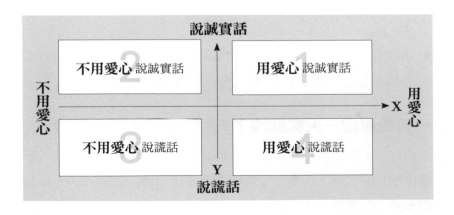

❶用愛心說誠實話：在以弗所書 4 章 15 節，上帝清楚地要求祂的兒女：「惟用愛心說誠實話」，這裡的措辭是「惟用」，意即「只有這個選擇」，表示另外三種都不是祂要的，基督徒應盡力依此標準行事。

例如：朋友外遇或同事假公濟私被你發現，應如何處理？《聖經》指的方向是：動機要基於愛心，然後誠實以告。為此目標，你需在感情上、理智上都用心準備，因為忠言逆耳，好意未必會被接受。不僅需要成熟的溝通技巧，且須彼此有足夠的信任，才能說出不中聽的勸誡，而這關係非一朝一夕能養成，必須長時間累積。

❷不用愛心說誠實話：自以為說話直率，卻是個藉口，關鍵在於有沒有愛心。沒愛心，就不會考量當事人的感受或其所在場合不適合？話語說得再真實也無益處，不僅傷了他的顏面或痛處，反而使他聽不見你原本要傳達的意思，使心情聚焦在不舒服的點上，實為可惜！

❸不用愛心說謊話：是最惡劣的蓄意傷人，通常是仇家相遇或被傷害而含著苦毒的人，才會如此待人。

❹用愛心說謊話：是一種軟性掌控、逼人就犯，例如：「兒子，伯嬸們都稱讚你很棒，所以你要認真讀書，才不會辜負大家哦！」或「阿東，不用擔心，你只要照著我的話去做，保證

船到橋頭自然直,所有的困難都可以解決。」這種愛心是有問題的,或缺少智慧,或對事情沒有實際幫助,只能一時抹平表面的難處,最終仍要面對真相的考驗。

由於「愛心」也會帶來情緒傷害。當配偶、親子間不經意地嫌棄、批評,雖出於愛,但屢說無效,甚至反彈,這方滿腹委屈地說:「若不是因著愛你,我才懶得管你死活呢!」為何好意總是演變成傷害?其實,一方真的已盡力了,另一方卻要求「好還要更好」,本來是肯定或鼓勵的美意,卻因活在完美主義的陰霾下,我們總是經常讓好意越過界!

界線經文

在世界之初,上帝為人類創造了許多「界線」,幫助人活在一個有規範的時空裡,為未來要到那永恆無限的地方先練習及做準備。《聖經》中界線的經文比比皆是,以下列舉各種不同的類型:

❶ 律法中的界線

摩西的岳父看見他向百姓所做的一切事,就說:「你向百姓做的是什麼事呢?你為什麼獨自坐著,眾百姓從早到晚都站在你的左右呢?」摩西對岳父說:「這是因百姓到我這裡來求問上帝。他們有事的時候就到我這裡來,我便在兩造之間施行審判;我又叫他們知道神的律例和法度。」(出埃及記 18:14 - 22)

2 空間的界線

凡你們腳掌所踏之地，我都照著我所應許摩西的話賜
給你們了。從曠野和這利巴嫩，直到發拉底大河，赫
人的全地，又到大海日落之處，都要作你們的境界。（約
書亞記1：3－4）耶和華是我的產業，是我杯中的分；我
所得的，你為我持守。用繩量給我的地界，坐落在佳
美之處；我的產業實在美好。（詩篇16：5－6）

3 人神之間的界線

你平生的日子，必無一人能在你面前站立得住。我怎
樣與摩西同在，也必照樣與你同在；我必不撇下你，
也不丟棄你。你當剛強壯膽！因為你必使這百姓承受
那地為業……。（約書亞記1：5－6）敬畏耶和華是智慧的
開端；認識至聖者便是聰明。（箴言9：10）

4 時間的界線

凡事都有定期，天下萬務都有定時。生有時，死有時；
栽種有時，拔出所栽種的也有時；殺戮有時，醫治有時；
拆毀有時，建造有時……。（傳道書3：1－3）

5 人際的界線

所以，無論何事，你們願意人怎樣待你們，你們也要
怎樣待人，因為這就是律法和先知的道理。（馬太福音7：
12）

⑥ 靈界與人的界線

污鬼離了人身，就在無水之地過來過去，尋求安歇之
處；既尋不著，便說：「我要回到我所出來的屋裡去。」
到了，就看見裡面打掃乾淨，修飾好了，便去另帶了
七個比自己更惡的鬼來，都進去住在那裡。那人末後
的景況比先前更不好了。（路加福音11：24－26）

⑦ 罪與人的界線

如今，那些在基督耶穌裡的就不定罪了。（羅馬書8：1）

⑧ 情緒的界線

當止住怒氣，離棄忿怒；不要心懷不平，以致作惡。（詩
篇37：8）

⑨ 生死的界線

上帝要擦去他們一切的眼淚；不再有死亡，也不再有
悲哀、哭號、疼痛，因為以前的事都過去了。（啟示錄
21：4）

從上述經文，你是否發現，它們不僅是一段段充滿教導的可貴
真理，也是常見的天然界線：時間、空間、情感、語言……，
每一種界線，對生活的運轉與生命的進退取捨，都極為重要。

生活中的天然界線

在我們還未認識界線的 10 個準則之前，其實生活中早已存在許多天然的界線，如皮膚、話語、時間、空間等，這些在生命成長摸索的過程中，很自然地「啟示」我們，並幫助我們將與你有益的留在籬笆內，有害的摒除在外。

身體最重要的界線｜皮膚

皮膚的觸覺佔了所有感覺的 50%，所以為何幼時曾被性侵的人，常一輩子活在恐懼與痛苦！也許每人身上敏感的部位不一，多寡不同，但不能被碰觸的輕重程度，卻是主觀且必要被尊重的；這感受雖有一般性，但「私領域」被全然保護，是基本的共識。

透過皮膚而來正向的觀感有：溫暖、舒服、安全、放鬆、安慰、歡喜等；負面的則有恐懼、退縮、發抖、噁心、痛苦、被冒犯、討厭、不自在、驚慌等，人人都需要清楚認知與表達其感受。從觸摸、貼近、擁抱、依偎等，皮膚能具體地傳達與人的親疏關係；再從生理上來體會：皮膚具有排除廢棄物質的功能，這便是它**與外界環境劃定界線的方式：「將有益的留在身體裡，有害的摒除在外！」**

教會常教導人表達 5 種「愛之語」，其中以肢體之愛，最直接而強烈，可用在禮儀及友情上，比如與人握手、牽手、親額頭、

搭肩，進一步於家人親暱或閨密之交，像擁抱、背後摟腰、摸頭、洗腳、按摩搥背等，因為語言有限，當許多感覺已無法傳遞時，須藉由肢體接觸才能滿足。

曾長期擔任校園團契青年輔導的朱惠慈，一再呼籲**年輕人要盡早為自己的身體立界線**。她說：「立界線的動機是為了對方的幸福著想，男生若真的愛女生，就不要讓女生經歷懷孕、墮胎和分手等生理及心理層面的傷害，尤其發生『性關係』再分手的狀態，對女生有如『截肢』般的感受！」

因此，女生都應及早明白，男生較易因生理緣故，而想發展超過「摟腰」之後的親密動作，但這條界線以降，他便很難煞車了。若女生真愛這男生，就不要讓雙方存有「暗示性情慾試探」的機會，這道防線才能真正保護彼此，而非一味怪罪男人色性如何。

簡言之，男女雙方的交往，每個階段最好充分相處，例如：多享受「牽手」的美好、常接觸大自然與社群、培養相同的興趣、透過戶外活動以及教會團契的交流等更認識彼此，只要不快速發展身體的親密關係，談戀愛就不會這麼困難了！

用來溝通卻看不見的界線｜語言

在看不見的界線中，「語言」是與人互動、溝通最重要的工具。俗話說：「醜話說在前。」這在商場上便是「先君子後小人」

的概念；可見語言不但有基本的傳遞性，更有擴張性，同時能
帶來強大的破壞力，端看怎麼使用？用得妥當，人生可自在游
刃有餘，但若心理創傷未癒，只一味想討好人而不敢說「不」！
一輩子都將活在懊悔與痛苦中。

這個不敢說「不」的現象，在東方社會十分普遍，只是許多人
用「猶豫不決」或「都好、都可、無所謂、反正差不多……」
來包裝，若是不信，你可以追問下去，請他一定要做出肯定與
否的決定，不過通常仍得不到確切的答案。

另外一種外表看似好人的隨和，骨子裡總在事後才後悔！所以最常聽到「早知道，我就……」，或「當初，你為什麼不阻止我……」「我是看你的面子、為你的緣故，才答應對方的……」，這使得我們周遭的關係渾沌不清，變來變去，到底誰的話是真實的？你真正的意思能否及時表態？

由於我們是人不是上帝，所以必須強烈認清，如果不坦白說出想法，便永遠沒人知曉，即便親如父母或枕邊人；因此，不要玩「心事誰人知？」的遊戲，戀愛時，女方偶而撒嬌或鬧脾氣用一兩次無妨，若把這當成溝通方法，既容易使自己沮喪，也會無端混亂在乎你的人。

語言，本是上帝賜下最俐落的界線，但何其可悲，多數人常未能靈活掌握與應用！

沒說的才是真正的界線｜眼語

溝通大半靠言語，那麼「含在嘴裡、放在心裡」沒說出來的，又佔了多少呢？理論上它應是次要或輔助，除非這人有所謂的「語言障礙」或其他身心狀況，以致影響正常的表達途徑。然而攔在心裡的，通常才是一個人真正的界線！

這兩者的差異為，語言可說謊，但心裡的不會，這「**心裡的想法**」經常從「**眼語**」透漏出來。德國心理學家梅賽因則說：「眼睛是瞭解一個人最好的管道。」

生活中不難遇到這情況，有人嘴上激烈反對，仔細打量眼神卻是贊成的！或說得口沫橫飛，眾人幾乎被說服了，你卻曉得他在撒謊。難怪長輩常提點：若無法判斷那人說話的真假，請他再說一次，然後只要直盯著他的眼睛，保證你能跨越話語、分判虛實。

一如職場上，當我們和上司或同事打交道時，可以多觀其「眼」，常能嗅覺某些弦外之音，或優越、瞧不起、不信任、猶豫不決、沒信心、欣賞、心虛、恍惚、有重擔、壓力或煩心事……總之，眼睛能洩漏的事還真不少，值得多體會與學習。

有些書上也會教導：心胸狹窄、虛偽的人，眼神狡黠、陰詐；志氣高遠的人，眼光執著；輕薄的人，眼光浮動；心胸博大、正直的人，眼神明澈、坦蕩；懂得克己者，眼神內斂；貪婪之人，眼神暴露；自信者，眼神堅毅；自墮者，眼神晦而衰；淵博者，眼中常透悟；無知者，眼中多存疑竇。

眼睛確如上所述，暗藏了人的心理世界，還可看見其健康狀態：目光呆滯、乏力者顯其疲勞；健康、精力充沛的人，則雙目明亮有力；若眼珠混濁，通常已有疾病，需儘快就醫檢查。

你是否覺得訝異，原來眼睛可以告訴我們的事，竟有這麼多！

有效停止關係惡化的界線│空間與時間

語言有時也無法透徹地表達人的感受，尤其吵架後甚至會發生「實在有理說不清」的感慨，這時最好的作法就是暫時分隔兩地一段時間，這叫「空間與時間」的界線，是有效停止關係惡化的好方法。

因此，在現今男女自主權高漲，婚姻頻傳紅燈的世代，不要立刻輕率離婚，而採取先「分居」的狀態，是一個較有智慧的選擇，人一旦分隔兩地，較能理性沉澱，思念也逐漸發酵，慢慢浮現過往一些美好的記憶，事情可能就會改變。

這做法自然是不得已，若沒事的夫妻或家人，千萬不宜分離而居，否則時間一久，很容易有一方落入試探，情感逐漸疏離。舉例來說，好友搬到遠方，也許實際車程只有 20 分鐘，但日子一久，一些外在因素便容易成為雙方互動的障礙，就像正要出門卻下起大雨了；或下班後身體疲乏、忽然病了等，都使 20 分鐘的車程瞬間擴大為「下次再去」的念頭，這些都是讓人不易察覺的微妙變化。

另外，時間界線是有階段性的，「凡事都有定期」是傳道書所要傳遞的人生要旨之一，事物隨著時間就改變了，這寓意頗深，但許多人卻容易忽略這個自然律動，有句話說得很棒：「**在對的時間做對的事，效果最佳！**」

就像生小孩，也是有時機的，台語說：「爸老子嫩」是指結婚太晚、生育太遲造成的父子年齡落差，何況親子一起跑跳玩樂、旅遊都需體力，老父母不但無法從容享受孩子成長過程的種種樂趣，也會造成孩子莫名的壓力，如父母年邁，與死亡距離較近，帶來的分離焦慮。

大自然與生命的界線

宇宙

大自然在創世之初已存在明確的界線,例如:地球和太陽的距離,千萬年保持地剛剛好,若太陽稍遠一點,地球將馬上冰凍;反之,稍近,地球立即被焚燒成灰燼!這個開天闢地便存在的安穩界線,是一切生命得以正常運行的根基。

可惜,上帝如斯精準地按著相關次序創造宇宙星河,豈不是為了給祂最愛的人類生活與享用,而我們卻肆意掠奪,眼下的極端變異氣候、土石橫流、坑坑禿禿的地貌,叫人既傷歎又無奈啊!

人體

人體的生理運行也像個小宇宙,有其規律和秩序,是影響健康的界線:晚上 11 時至 1 時,是肝臟經絡排毒的時刻;1 至 3 時,是腎臟經絡啟動的時刻;3 至 5 時,是肺臟經絡運作的時刻……;不論貧富貴賤,身體都需按著規律運作,若晚睡、晨昏顛倒,必影響健康,出現病痛或障礙,不容恣意妄為。

上帝初始即定晨昏之界,日夜之別,卻有大量的夜貓族以其健康來交換深宵獨處,尤其年輕人更要早睡啊,莫把青春隨意揮霍,年少的優勢不會永遠停留。

四季

春夏秋冬各有其寒熱溫度變化的界線，不論居住何處，都須依照節氣穿衣吃睡；至於飲食，最好選用「當地、當令」出產的食材為原則，因為量大則價廉，本地產則不須辛苦運送，否則除了耗費金錢之外，營養也都因耗時而流失了，而原本上帝意欲餵養眾多窮人為其「底線」的美意無形中便喪失了。

界線可以改變，更能助人成長！

有一首韓國詩歌《你是為了接受主愛被揀選的人》，頗能道出上帝對世人的深愛，歌詞是：

> 你是為了接受主愛被揀選的人，
> 在你的生命中接受那豐盛的慈愛，
> 創世之前開始的，
> 神那豐盛的慈愛，
> 藉著我們的相遇，
> 結出了果子，
> 在這世界上，
> 因著你寶貴的存在，
> 真是帶給我們極大無比的喜樂⋯⋯。

面對上帝從天而來的愛，東方人起先是懷疑的，只能說是受苦的歷史久了，已扭曲、退縮且負面，所以形成消極的概念：「個人自掃門前雪，莫管他人瓦上霜！」躲在你我人際關係的深處。

這慢慢轉變成文化上不想「求助」於人的觀念，使得中國的家族系統是閉鎖的，人際與生命問題層層覆蓋；其實情況未必嚴重，但因長期沒處理，累積成所謂的流言、猜疑、積怨或苦毒，隱伏在人際關係的底層，造成人我互動喜歡閃躲，變得虛與委蛇、複雜，用現今的用語，便叫做「不溝通、很ㄍㄧㄥ」！

然而，界線有一特性——它可以挪移、改變，也能幫助人成長。界線改變的效果就像一杯水只需添加了一點色素，整杯水就會全然不同，所以只要願意改變，生命的難處多能解決，不過往往因人喜歡安穩，或害怕改變要付出代價，而常原地踏步、墨守成規。

改變有兩種選擇，一是「我改變」，二是「我求助」，若兩者相比，則「求助」容易多了。肯求助，就得到改變，多好啊！現今 E 世代，生活資源與人際互動空間都優於從前，只要你願意學習、拿取，何曾有什麼跨不過去的難題？

事實上，人在無路可走時，支持者或團體的協助，是必要的外力與助力；如同交通尖峰時刻的路口大塞車，你如何立即脫困？若有一架直升機從天而降，將你吊起離開或把塞住的車輛通通移走，豈不立即而迅速地解決了。上帝就像那直升機，只要你不吝向祂求救，祂自會差遣祂的各種資源來幫忙。

總之，學習界線要切記：界線無所不在，於我們有益，是一種保護的機制；界線是可以改變的，且界線能幫助人成長！

1

界線

讓生命自在飛揚

Boundary Line :
Let Your Life Free

生活裡各樣人際問題紛至沓來，

總不知何時說「Yes」？何時該說「No」？

讓界線幫助你輕鬆應對、自在生活。

好玩的界線遊戲

辨識情緒臉譜遊戲

學會分辨人的表情，其實是學習界線很好的入門，這也是好玩的遊戲或破冰活動，可以透過當中細微的差別，幫助你敏銳察覺他人心情的變化，以採取適宜的回應或互動，不要像我們常聽到的：「你真是白目啊！」說的正是這種對人際關係感覺遲鈍的人，得罪或刺傷了人都仍在狀況外、渾然未知！

以下有 21 種不同的表情圖樣，你有兩種選擇方式：

1 請在每張臉譜下，寫出你認為適合的情緒形容詞。你做出來的結果，通常與 21 組形容詞答案會有不小的落差。

2 直接參考圖片後的 21 組形容詞，「一對一」對應答案與表

情圖，不會有重複或無法對照的狀況。

也許做完後你會說：「這些表情畫得不精準，與觀察、感受到的答案不一！」

沒關係，這只是個練習，目的是希望你能體會表情對於人際互動的重要性，這也是人類對外界傳遞情緒訊息的好工具，不但不能忽略，並要懂得善用，至少不可與一般人的認知差距過人！

比如明明心底很難過，卻佯裝歡喜；都快發怒了，臉上還一副無所謂的樣子，除非你在演戲，否則表裡不一，「久了、次數多了」，恐會鑄成你的精神或人格出問題，不僅自己受苦，旁人更不知怎麼與你相處，或想幫你也難啊！

21 個表情圖

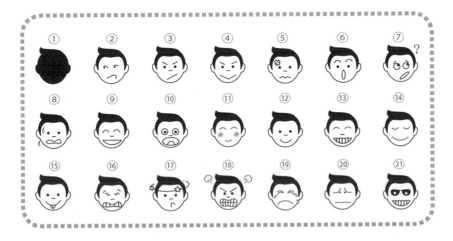

🔅 自行書寫的答案

🔅 表情對應圖

無顏	嫉妒	不滿	自信	受傷	驚訝	疑惑	緊張	快樂	驚慌
○	○	○	○	○	○	○	○	○	○

害羞	美好	興奮	滿足	頑皮	痛苦	煩惱	生氣	難過	無言
○	○	○	○	○	○	○	○	○	○

奸詐
○

🔅 檢測你的情緒近況

無論你是否能正確辨識「情緒臉譜」，都期待你在生活中隨時可以輕鬆地笑出來！現在藉著「情緒臉譜」的概念，請你回想並寫下自己最近一個月較常出現的情緒形容詞，不論正面或負面情緒，依次數多寡，寫出 5 或 7 個，並敘述背後原因？及它帶給你的影響或提醒。

1 [   ] 原因 [   ]

　　給你的提醒 [   ]

2 [   ] 原因 [   ]

　　給你的提醒 [   ]

3 [   ] 原因 [   ]

　　給你的提醒 [   ]

4 [   ] 原因 [   ]

　　給你的提醒 [   ]

5 [   ] 原因 [   ]

　　給你的提醒 [   ]

6 [   ] 原因 [   ]

　　給你的提醒 [   ]

7 [   ] 原因 [   ]

　　給你的提醒 [   ]

用一句話形容什麼是界線？

接著，在還沒進入關於界線應用的核心──「界線十律」的介紹前，想請你以過去的生命經驗，直覺而素樸地「用一句話形容」什麼是你所認為的「界線」？

一個人會怎樣形容「界線」，就代表了他對生命體會與認知，雖未必完全，卻有其一定的體會及經歷，值得大家一起斟酌品味！以下 10 個答案，僅供參考：

1 不侵犯他人的權利範圍。

2 誠懇地將心比心！

3 井水不犯河水！

4 分別與尊重。

5 彼此相愛、尊重的關係！

6 不過分依賴，也不過分疏離。

7 釋放對方自由，自己就有自由。

8 各種關係的平衡點。

9 己所不欲，勿施於人！

10 相處時很舒服，分離時不牽絆。

最後，等你將這本書讀完，再試著「用一句話形容」你所認為的「界線」。這前後的答案，應該能顯示一些你獨有的收穫。

你的界線現況

在本章結束前,請檢視自己與身邊人與事8方面的「界線現況」,從以下選出最符合你的現況圖號(圖1～6),包括**1**你與父母(擇一)。**2**你與權柄(老闆或牧師等)。**3**你與工作。**4**你與金錢。**5**你與朋友(整體性或擇其一)。**6**你與一般異性。**7**你與時間。**8**你與手足。(若無手足,可換成同事)的關係。

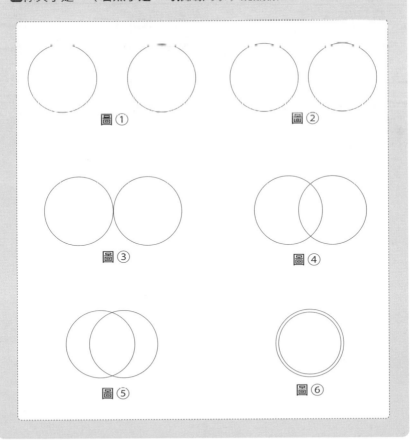

1 我與父母：圖 [   ]　　調整的可能有 [   ] %

2 我與權柄：圖 [   ]　　調整的可能有 [   ] %

3 我與工作：圖 [   ]　　調整的可能有 [   ] %

4 我與金錢：圖 [   ]　　調整的可能有 [   ] %

5 我與朋友：圖 [   ]　　調整的可能有 [   ] %

6 我與時間：圖 [   ]　　調整的可能有 [   ] %

7 我與一般異性：圖 [   ]　　調整的可能有 [   ] %

8 我與手足（或同事）：圖 [   ]　　調整的可能有 [   ] %

10

俐落好用的
界線十律

你的生活失了界線嗎？

案例❶

甜甜小學二年級，哥哥阿哲六年級，從小到大，媽媽每晚睡前幫他們設定鬧鐘，但早上被鐘聲叫醒的往往是媽媽！媽媽一邊做早餐，一邊催他們穿衣服、刷牙，三不五時還得喝止兄妹閒聊或吵嘴，最後好不容易送孩子們上學，自己再狼狽地趕上班……這樣一連串像打仗般的生活，令她疲憊不堪。孩子似乎永遠等著她替他們做每件事，還怪媽媽嘮叨、煩、害他們燙到嘴、遲到等。

分析❶

這是個再尋常不過，現代都會雙薪小家庭的縮影，到

底哪裡出問題了？其實就是家中親子「界線」出了問題！人的一生，愈親密的人際，愈容易因沒界線概念或界線模糊，致使彼此遭受長期的痛苦及困惑。

界線，等同老祖先常說的「中庸之道」，也就是凡事能剛好、做人做事，不要過猶不及。但用界線這詞，則屬近代社會行為學的用法了。不過，界線並非從社會科學裡憑空而生，因為《聖經》這本「上帝造人的說明書」，其中充滿界線觀，甚至可說，上帝造天地時已同步出現，生命的一切原則應該也從造物主而出，因為：

祂有無限的能力，卻願意自我設限；祂什麼都知道，卻不輕易介入人的選擇與經歷，只是祂將「界線」安置在當中，讓人知道如何生活！

是以，我們這些按著祂的形象被造的人，只要願意打開心門來學習「界線」，生活雖多變而複雜，卻可以活得從容自在而「不逾矩」！

界線十律涵括所有人際

前三章，你已看見「生活處處皆界線」以及與生俱來的「天然界線」，緊接著是本書的重頭戲：界線十律！過去你可能不曉得，人際互動其實有簡要的十個界線規律，涵括所有的行為原則，它就像學算術要先從「加減乘除」開始，習語文要記住各

種文法，練武功得把「馬步」站穩，或是要出發到某一地方，有地圖可以預查，就能輕鬆悠遊，不怕迷路，否則人際似迷宮胡繞，生氣也無用！簡言之，學習人際關係若以界線的概念來統攝，單需牢記其中十律即可。可惜，許多人的人生單憑運氣及隨機體會，以致三、五十年下來，生活仍是一團混亂。

十律可歸總五類別

界線十律，極有層次與規律地架構起一切的行為，甚至可簡化為五類，更加簡潔好用了。然而，工欲善其事，必先利其器，因此學習界線，最好先背記「十律名稱」，這是絕不能省卻的功夫；而為了讓大家一目了然每一律的重點，在其名稱前，試著以「一句話」涵蓋其意義，並依其應用邏輯先後，標示如下：

Part 1 內在面
❶沒有不被知道的事：動機律
❷人類犯的第一個罪：嫉妒律

Part 2 人際面
❸辛苦卻使人得滿足：責任律
❹上帝給人最大的禮物：尊重律

Part 3 反應面
❺不是為反抗而反抗：積極律
❻雛鳥自己啄殼而出：行動律

Part 4 使用面
❼寧失去百體中的一體：評估律
❽請打開你內心的窗：顯露律

Part 5 **地天面** ❾上帝好像袖手旁觀：因果律
❿人生不按你意百分百：能力律

這一條反應鏈，可用以下的口訣理解：

❶ 凡事皆由內心而對外反應，因此先從**動機律或嫉妒律啟動**，就是檢視自己的心裡才做決定。

❷ 人的行為觸及的範圍，不外乎「我與你」，就是**責任律**（對自己──我）或**尊重律**（對別人──你）。

❸ 接著回應外在環境，則需以**積極律或行動律**面對。

❹ 前幾項全部都考量清楚了，再決定如何動作，這便是**評估律**，之後便要勇於**顯露律**，這是人所能達到，最全面而細緻的做法了。

❺ 既已盡力，則最終結果便可放心交託出去，因為**因果律**一定會接手，不然，還有上帝的**能力律**可以倚靠。（若沒有上帝的觀念，只會使用前九律）

當然，不見得每件事都像這樣乖乖地「由一到十」，也有不少情況是跳著發生的，可是沒關係，如同打球只要練好基本動作，多多上場有經驗，這十律自然熟能生巧，靈活應用了！渴盼上帝給的應許：「你們將認識真理，真理會使你們自由。」（約翰福音 8：32），每個人都能快快得著！

Part ① 內在面

第一律、沒有不被知道的事｜動機律

十律之首是「動機律」，也是人際關係得以流暢的必要路徑，我為此律下個貼切的註解：「隱藏的事，沒有不被知道的！」人的心思一旦發動，其實已大半決定了結果，所以：「你要保守你心，勝過保守一切，因為生命的泉源由心發出。」（箴言 4：23）

真誠面對動機

十律的第一律：動機！重點不在一般認定分辨動機的「好壞」，而是須先弄清楚「自己的動機如何」？有時一念間忽然飛入齷齪的想法，這是誰也無法免除的尷尬，但動機律要幫助我們的是：這意念的偏差，不是殺無赦的罪，而是要學會調整，直到你每次都知道自己為什麼這樣決定或反應為止，因為「不明的動機」常是我們無法好好設立界線的主因。

可是，人不太注意自己的動機，因此常重蹈覆轍。也就是說，人經常走在這一條「鐵」軌上：「思想決定行為，行為養成習慣，習慣形成性格，性格帶來命運」，思想在一切事情的最前端！所以，唉聲嘆氣說自己歹命運差，根本是自欺欺人！只要留意你的意念，起頭（思想）對了，結果（命運）豈會太差！這條「鐵」軌從來不拒絕任何人活用它。

錯誤的想法動機

但若因下列各種錯誤的動機，迫使自己做出某些行為，自然無法在心裡結出喜樂自在的果實。為什麼這些情況都不適當？很簡單，因為沒人逼迫你，而是你的心被自己的懼怕、軟弱、猜疑等抓住，產生了扭曲的認知或決定，我們可以先從下面兩則故事來了解。

錯誤動機
❶ 害怕失去愛或遭受遺棄
❷ 害怕別人的憤怒
❸ 害怕寂寞
❹ 害怕失去對方（以為愛就要永遠說「好」）
❺ 愧疚感
❻ 人情債（必須一個個回報）
❼ 一昧想尋求讚許
❽ 過於同情別人的損失與傷害

案例❷

有一次，看到好友玲如一臉沮喪，任其國三的兒子丟下功課，拿著籃球便與窗外吆喝他的朋友揚長而去時，我關心地問她：「你很難過呢？」沒想到她卻否認：「還好啦！」「真的嗎？」我再次詢問，她這才敞開心說：「因為我無法常陪著他，因此不敢限制他想要

做的事。」所以,屢次話到嘴邊,她又吞了回去。

案例❸

名禮是我的大學同學,以前跟他在一起時,不曾聽他跟人說過「不」,別人找他做什麼,他幾乎都回「好!好!」所以他人緣一直不錯。可是與他熟識後,卻發現他總是答應了,轉個身便自言自語:「唉!怎麼辦?我還有許多事沒做,功課一堆,完了完了!」

「不行就拒絕啊!」我建議,這對我挺自然的,實在無法理解他為何那樣困擾。

分析❷

玲如因為內心有著「我無法常陪著兒子」的想法(P93 錯誤動機表❺「愧疚感」),而使她不敢說出限制孩子的話,但她是母親,本就有權柄及義務對孩子的行為畫出界線。

分析❸

名禮一直不敢對別人說「不」,其錯誤動機為❶~❹的害怕都有可能。但每個人無論活到幾歲,遲早都須學會第一次拒絕別人,儘管會使對方不悅,只要突破這心理障礙,相信名禮能逐漸以真實的自己與人自在地互動。

上帝最可貴的禮物

上帝賜給人最可貴的禮物是「人人有選擇的自由」;這份自由是要讓人生出感恩,也讓愛充滿內心,自然而然敞開心去愛別

人，因為真愛使人喜樂，「施比受更為有福。」（使徒行傳 20：35）

上帝在各樣事上皆有管束我們的權柄及能力，然而，祂卻選擇除非萬不得已，不對人發出限制，因祂有更美的心意是：期待祂的孩子有一天學會管理自己的心。

因此，動機律揭櫫的是「自由第一！服從第二」（不是不服從或不贊成服從，重點在於先後次序），若非甘願，就不是好動機，所以即便出於愛，若動機不正確，仍會帶給人失落、疲憊。我們可從中得著兩個觀點：

❶ 被逼的服從，只會帶來壓傷及扭曲。

生活中屢見母親追著幼兒餵飯灌湯，導致孩子吃東西的樂趣不見了。

為何強逼呢？孩子很可能只是胃口小或愛玩，但母親總擔心長不快或比其他同齡瘦弱等，可憐了這孩子還「不懂可以說不」或「不敢說不」，只好勉強吞嚥，原應是快樂享受吃喝的童年，竟變成了反感、排斥的記憶。

❷ 非自願的服從，只會帶來抑鬱及煩惱。

即便說「好」也未必真心，就像「只敢說好、什麼都說好」的人，多數受制於「害怕失去愛」與「猜想別人會生氣」這樣的動機，逐漸衍生成愧疚感、討好、為了回報、希望被稱

讚、擔心出狀況、怕失去在別人心中的好形象等,這絕對是
不健康的副產品。

信仰的動機

如果動機律用在嚴肅的宗教信仰上,例如:許多人拼命做善事?
追根究柢,大家其實心知肚明是為了多「積功德」,為下輩子
加分!問題是:人只有這一生,哪來的「前世今生」?所以,
愛心的前提若是:「做善事或捐款,沒有一丁點功德」,純粹
出於個人的意願,當沒有任何回報,你還做不做?

案例❹

我的鄰居趙伯伯,有段時間固定捐錢給某一著名的慈
善機構,有天,他太太知道了這事,建議他:「老頭
子,你的心腸真好!我可不可以建議你,我們隔壁便
住著一位孤零零的老太婆,你把每月捐出去的八千元,
直接拿去賙濟她嘛!」

未料,趙伯伯竟發怒說:「你別管我怎麼做,我就是
不要!」原來,捐給那機構會頒發「表揚狀」,也常
被機構的人稱讚、高舉……。他要的東西是什麼?只
有他自己曉得。

分析❹

哥林多後書 9 章 7 節說:「各人要隨本心所酌定的,
不要作難,不要勉強,因為捐得樂意的人是神所喜愛
的」。就像趙伯伯存著錯誤動機,多數人在乎旁人是

否看到他的付出？或有否感激、在意他的存在？或是
本來已很忙又很累，只因旁人一拜託，恭維兩句，便
又答應了，為什麼？因為他認為，這樣就是有愛心！

這樣的愛心是由衷的嗎？還是有其他的東西藏在你裡
面？「愛裡沒有懼怕；完滿的愛把懼怕驅逐出去，因
為懼怕裡含著懲罰，懼怕的人在愛裡尚未得完滿。」（約
翰一書4：18）一個人要活得健康，首先須承認人的能力
有限，愛，更易匱乏，所以我們須適度拒絕別人，不
須迎合與勉強。

建立健康的動機

父母養育子女，更當出於健康的愛，才能喜樂滿滿。因明白自
己的有限，且照顧孩子有時間性，並非一輩子，才能了解上帝
把孩子託付給我們的真正心意：父母只須盡力去做，不需完美、
完全。

可是，生活中怎麼常聽到這樣的說法：「我為你做牛做馬，我
一直給、給、給……，你怎麼可以不聽我的話呢？」致使許多
人自小活在「不照爸媽的意思做，就是不乖、不順服、不孝順」
的陰影中，縱使外表長大了，內心仍困在牢籠裡。

凡事都該先回到內心深處體察動機，如果不清楚、不對勁，寧
可先不要有任何行動；除非你確定懷著「感恩、自由與愛」，
否則還是慢點反應，因為上帝尊重你，祂給予極大的空間練習，

不論你說「好或不好」，只要明白為何這樣選擇，並願意面對
與承受可能的結果，就是健康的動機。

動機對了，不保證你一帆風順，卻可以使你經歷到生命的豐富
與可貴。

**隱藏的事沒有不被知道的；沒有說出來的想法終究會浮現，這
就是動機律的精義！** 提醒每個願意相信這界線的人，先管理好
自己的心思意念，不要有鴕鳥心態，以為沒說出就不會被察覺。
不，總有一天、遲早會被發現的，既然只是早晚的差別，何不
一開始就真實去面對呢？

🔆 擴張你的界線｜練習題 1

生活中最好的「動機」，就是「不求回報的給予」，你是否願意將「動機律」實踐出來？那麼請你現在開始，刻意地將「愛之語」，無論是語言的、肢體的、禮物的、時間的、服務的愛，用在所愛的人身上。若要有果效，請你持續一段時間，並有計畫地實踐及記錄。

第二律、人類犯的第一個罪│嫉妒律

外表看似沒問題，骨子裡卻差距很大，甚至生命內涵也迥然不同，這是「動機律」之後，人人都當格外警醒的「嫉妒律」。對於「嫉妒」兩字，較通俗的說法是「吃醋」，形容人際暗藏的衝突。只是，勿狹隘地把嫉妒只用在女人身上，它不是女人的專利，只是女人勇於表達顯露，男人也 樣軟弱且充滿罪性。

假借渴望行嫉妒

嫉妒雖類似渴望、期待、羨慕、夢想……，不詳加區分，還真容易「自我欺騙」呢！（當然也想騙別人，可惜沒那麼容易，因為「動機」差距甚大），簡言之，一般人常假借「渴望、期待、羨慕、夢想」之名，行「嫉妒」之實！

> **案例⑤**
>
> 我有兩個好友最近都幫孩子買了新手機，過程卻挺不一樣。一個是孩子打工了一年半，存了七成費用，且有實質需要，於是父親贊助他三成，很不容易才完成這事。
>
> 另一位是純由父母幫女兒添購，她原有一款還算新的

手機，但因父母愛面子，不想讓女兒在名校裡比別的
孩子遜色，且這情況已不是頭一回發生了。

第一例的父母處理得不錯，沒讓孩子「有求必應」，長大才不
會「物化」，是有智慧的作法。但第二位父母的做法卻有很大
的問題，他們的動機是錯誤的——出於「嫉妒」而買，是為了
比較、爭勝、愛面子。

嫉妒雖普遍，卻存在三種隱藏的心理：

❶別人有，我卻沒有，因此很不悅、不能接受。

這點最常見。人總是不珍惜已有的，老愛注意沒有的，所以，
身高 175 公分還不滿意，嫉妒同學 185 公分；瓜子臉的女孩
嫉妒別的女生雞蛋臉，清純的想變成妖嬌些等。

2 我有的，別人不能有，就是「只能我有」。

比如富人子弟什麼都有，手機、轎車、摩托車、名錶等，其實已比旁人多很多，可當某一小康家庭的孩子也有高級摩托車時，他氣炸了！反以質疑的心態說：「他怎配有，是不是偷來的？」

3 我沒有，那別人也不能有，就是「大家都沒有」。

這在窮人或缺乏者身上較易發生。比如群眾暴動，或共產黨利用此心理發動工農階級推翻資產家的清算鬥爭皆是，結果，只是換成另一批陰謀家獲益，權力與資產重新分配罷了。

嫉妒也常顯出一些「自我矛盾」的行為，諸如生活中常見的情況：內縮孤寂的人想與人保持距離，卻羨慕他人能與人那麼親密！或，見他人宅在家很愜意，竟心生不悅；單身婦女保有全然自由的社交生活，卻嫉妒姐妹淘比她安穩快樂，或朋友的婚姻美滿、家庭甜蜜！自己成為埋入忙碌裡的男人，卻嫉妒那些能放下高薪「追求夢想」，生活比他悠哉的人！

嫉妒在中文另有三種用詞：「忌妒、妒嫉、妒忌」，看似叫人眼花，其實可以簡單歸納：嫉妒，是看到他人的卓越，產生了「羨慕、煩惱、痛苦」等各種不健康的情緒；而忌妒、妒嫉、妒忌，是因別人比自己好而「憎恨」，差別只在「強度」上。

隱藏在生命深處的罪

嫉妒說穿了就是「貪心」（想要更多），或「貪婪」（想得到沒有的、不必要的），這些心態都是隱藏在生命深處的罪。面對這事，關鍵點在「想要與需要」的差別；尤其為人父母若能掌握其不同，就能幫助孩子一生不被「欲望」挾制了！

1需要，是生存的基本供應。在上帝的預備裡，人其實不需擔心，因祂說：「你們看一看那天上的飛鳥，也不種也不收，也不在倉裡存糧，你們的天父尚且養活牠們。你們不比飛鳥貴重得多嗎？」（馬太福音 6：26）「因為祂叫太陽照好人，也照壞人；降雨給義人，也給不義的人。」（馬太福音 5：45）在「生活與生存」的「需要」上，即使你不認為上帝是供應的主，祂依然滿足世人。

2想要，不是絕對必要。這項，上帝沒答應一定要滿足或回應，即便你的禱告呼求何等迫切，祂卻藉著保羅告訴世人：「我知道怎樣處卑賤，也知道怎樣處豐富；或飽足或飢餓，或有餘或缺乏，任何事情，任何景況，我都得了祕訣。」（腓立比書 4：12）又說：「只要有衣有食，我們就該知足。」（提摩太前書 6：8）

所以，欲望若想越過上帝的底線，你必須自己想辦法，但要小心確保情況不失控。因此，我常提醒為人父母者，不要當傻瓜父母，憨憨地過度疼愛孩子，不但沒助益，恐怕害了兒女。因為，人的欲求一旦翻過界線的山嶺，會誤以為群山另一邊的花

花世界絢爛無比，令人樂不思蜀；豈不知那是個永遠無法餵飽人的「無底坑」！

父母既然是上帝的代理者（管家），暫時代表上帝照顧孩子，如果連孩子的主人都堅定言明：「只給需要、不負責想要」這底線，你為什麼還迷糊地去做不符合上帝心意的事呢？再者，一個能清楚辨識「需要與想要」的人，其一生「在日光之下的日子」，便不致太「虛空」（「眼睛所看的比心裡妄想的倒好。這也是虛空，也是捕風。」傳道書6：9）了！

受之無愧 vs. 凡事感恩的微妙差異

有時，我們活在被愛的時空下太久，以為一切唾手可得，這是為人兒女，或自詡為好命人最易出現的現象。所以，若不知感恩於別人的給予或照顧，日子久了，恐怕你的「好運」會悄悄長翅膀飛走！

前述故事裡那位打工一年半才買手機的孩子，就是最好的例子，父母不是不想給，也不是沒能力買，而是當孩子付出等候的時間及部分代價後，才會珍惜，這叫「延遲享受」，生命將因而結出美好的果子。

同理，渴望可以使人珍惜所得，正確尋求；但若出於嫉妒，常會發生「得著後隨即棄置」的結果。因此，生活中與其把焦點老放在別人如何？不如將心力拿來補自己的不足，甚至安於上

帝所給的恩賜能力；以及勇於發現自己欠缺之處，求助於神，好得著提升與改變。總愛與人「比較」（尤其在美醜高矮富窮等方面）的人，生命將很難安息（請參考「能力律」）！

嫉妒，本質上就是驕傲，越任其發展越會失去一切，雅各書4章6節說：「神阻擋驕傲的人，賜恩給謙卑的人。」也是指愛嫉妒的人。

真實面對嫉妒

一個人真實面對他裡面的嫉妒，永遠是一件要緊的事。因為嫉妒會帶來：

❶錯誤的思維與行動

嫉妒是人類在伊甸園犯下的第一個罪，竟對創造他的上帝也生出嫉妒，豈不荒謬！蛇雖做出引誘夏娃吃善惡樹果的行動，根源卻是人內在的罪性，也引發了人類從此無止盡的痛苦。

❷人心無法安歇

因著所思所想一直在乎「別人有，自己沒有」，使得嫉妒之心錯把「自己沒有的東西」定義為「就是好東西」，例如：別人的老婆（俗說：家花哪有野花香）、衣櫥裡的衣服（女人永遠少一件）、同事的新車（男人在路上，眼睛總盯著下一部更大、更酷或更貴的）。於是，總認為「他人、未到手的」比較好？卻不問自己是否真的「需要」，或現在（當下這個時間點）是否需要？

❸常驅使人越界

上述的結果,起初不覺有何大問題?但這現象完全符合「試探」的本質,令人愈陷愈深,心思情感被蠶食鯨吞,最後絪死了自己。你我都須重新認識「嫉妒律」,幫助自己覺察生命裡「這一大片模糊而詭詐的地帶」,看似不明顯、不嚴重、不立即危險,卻常驅使人越界而逐漸沉淪。

❹似渴望與羨慕,結局卻大異其趣

本來,「渴望」沒有的東西,沒有什麼不對(正確的心態應是「羨慕」),問題是「渴望」很容易越過界線變成嫉妒,使人活在矛盾掙扎裡,心底奇癢難息;若只是「羨慕」不會越界,這三者起初長得相似,往下發展卻「差之毫釐,失之千里」,結局大異其趣!

「羨慕」是什麼?是對於好的、美善的事物有強烈的反應!人有上帝(君王)的 DNA,才有對永恆的感知,比如聽到雋永的古典樂,會有沉醉反應;對微風徐徐的黃昏與時光飛逝的秋色也頗多感觸,古詩人嘆曰:「念天地之悠悠,獨悵然而淚下……」都不是無來由的!

「夢想」,當然是好的,因為敢夢想,就可能成真!所以上帝要我們活著有夢想及異象(「沒有異象,民就放肆!」箴言 29:18)在夢想中,人的確會有一股動力往前行!而「異象」,則從神來,簡言之,是為神來作夢。

若是人的夢想，常夾雜著因補償心理或自卑作祟，為證明給旁人看等等而來，就有區別了。面對的原則和嫉妒一樣：不要因別人有夢想，我就要有，必須「動機」正確！

嫉妒常有特定對象

嫉妒心態具有以下三種屬性：

1特定範圍：嫉妒雖很普遍，但有其生成條件，通常在某一範圍內產生，例如：愈是關係緊密的親朋、同學、同事、教會的弟兄姊妹等，愈容易產生。

2具指向性：不是任何人在「某些方面」超越自己，都會產生嫉妒，多半指向一定的物件，例如：某運動員獲得世界冠軍，某科學家獲得諾貝爾獎，我們只會羨慕，不會嫉妒，因兩者與我們的差距太大了！只有相同職業的人，才會產生競爭性。

3位階相當：地位相差不大，彼此相互瞭解，又在同一單位從事相近的工作，屬同輩分的人，最容易產生嫉妒。這是由於他們在「利害關係」上有著某種聯繫，彼此都是競爭的直接對手。

醫治嫉妒的藥方

醫治嫉妒不容易，不如先在平時多操練以下三件事：

1給予

多幫助別人。但，給予並非毫無界線，仍要掌握是否適合對

方的需要,而非滿足其想要。

2 限制

經常審視自己,確定生活中沒有堆積太多不必要或不合適的東西,一旦心裡感覺想控制別人,或有強迫傾向時,就需停下來,認真處理自己偏差的心態。

3 接納

幫助自己或身邊的人,可以承受被限制的感覺,將暫時的不順意或不舒服,內化為「人格」的一部分,就像教養孩子「延遲享受」的品格訓練,可以幫助我們學會知足,接納上帝給每個人的不同。

總之,當你面對生活的點滴,不要忘了先覺察自己內心的「動機」,不但要調整至對的方向,更要注意潛藏在「渴望、期待、羨慕、夢想……」背後,有個很難避免的傢伙——嫉妒,是否鍥而不捨地冒出來想與你勾搭,切莫輕忽它有如「九命怪貓」的纏人韌性啊!因為,其壽數千萬,溯自創世之初,你雖殺不死它,卻得與之保持距離。

☀ 擴張你的界線 | 練習題 2

《聖經》裡有很多與嫉妒律有關的例子，請簡述其事件及問題重點。

1 墮落天使→上帝

2 夏娃→上帝

3 該隱→亞伯

4 雅各→以掃

5 猶大等兄弟→約瑟

6 米利暗、亞倫→摩西

7 掃羅→大衛

8 約拿→尼尼微

9 大兒子→浪子弟弟

10 馬大→瑪利亞

11 耶穌比喻：入園早晚的工價一樣？

Part ② 人際面

第三律、辛苦卻使人得到滿足｜責任律

 當人受到過度保護，面對生活改變及重要抉擇時，不知不覺已缺乏勇氣及能力，甚至也逐漸失去了責任感。

失去責任的新興族群

因著資訊傳播發達，這世代每一段時間就會蹦出一種新族群，近年日本社會便孕生了「尼特族」（NEET，Not in Employment, Education or Training），意即不就業、不升學、不進修，全靠家人供養，15～35 歲的年輕族群。這些人因長時間繭居家中，不願或無力進入社會，逃避越久，競爭力愈弱，形成惡性循環，終成為社會沉重的負擔。

台北市就業服務中心站長魏麗惠曾說：「我們明顯感受到，父

母帶來接受就業輔導，本身卻不積極的尼特族，愈來愈多。」由於缺乏正式官方統計資料，主計總處於 2012 年推估全台未就業、未就學的青年，約有 47 萬 3 千人，判斷其失業、就業意願低落的原因不一而足，有人是技能不足，擠不進就業市場；有人因工時長、薪資低，還有因父母太過保護，使其求職彷彿消遣活動。

少子化趨勢與父母經濟能力佳，雖是促成的原因，但主要在於「雙薪」化之後，親子關係疏離，使無暇陪伴孩子的父母，內心有說不出的虧欠感──因自知未盡父母之責（陪伴其實比賺錢重要），遂不敢要求孩子順服或為自己負責。

尤其這現象從孩子年幼便已開始。比如，他想買喜歡的玩具，父母若不給，便使性子哭鬧，甚至用絕食等手段逼父母就範，因補償心理加上忙於工作嫌煩，父母多半買給他了，自此種下了錯誤的認知：任何要求，只要吵鬧加堅持就能得到，下次，你不給，只會變本加厲讓你更不好過。

父母若長此以往，養成一位外表已三、四十歲，心裡卻還長不大、責任缺缺的小孩也不足為奇！尼特族約莫是從以下這種常見的家庭場景悄悄滋生的：

案例❻

媽媽做好早餐，一邊催孩子起床、吃飯、上學囉！但孩子賴著不起床，直到媽媽發火了，硬把他們從床上拉起，只能匆匆忙忙塞些食物在書包，費力拖拉著滿臉不悅的孩子到學校。

傍晚放學了，老媽又催做功課，小孩卻磨蹭，就是不坐下來；或說「好」，假裝應付一下。結果一不管他，便又上網或玩電玩，媽媽三令五申未果，一氣便關掉電視，拔掉電腦插頭，雖氣急敗壞，孩子的作業仍摸到夜深了還沒完成！

等孩子再大些，竟不願上學，再逼就逃學、反抗、打混，終至人生高不成、低不就的，父母不但大受打擊，更納悶，他們難道沒有盡職嗎？

過度保護阻斷責任感

這些父母不曉得，人的生命既需要愛，還需價值感。呱呱墜地之初，當然需要被全然照顧，但那只在嬰幼兒期；隨著身體成長，心理也會逐步變化，孩子最終需要知道與確定的是：「我是誰？我有用嗎？我能做什麼？」亦即他與這世界之間的「責任」關係？這點正是驅使他學習的主要動力。

可惜，許多父母沒掌握這關鍵，反而持續呵護，更攬下了孩子該有的責任；乍看似愛，其實阻斷了他成熟的道路，因為「責任律」在人身上的首要意義是：「我能為自己負責，我的生命

才有價值！」所以，當父母忘了給孩子為自己負責的機會時，孩子會被誤導，以為生活一切都是為了父母：上學為父母、學習為父母、工作為父母……，孩子看似聽話，但就是不主動。

為孩子做了太多的父母，這時反而羨慕起鄰家孩子能自己上學、會幫忙打掃……，為什麼自己的孩子卻不是這樣？可見「責任律」在人身上第二個意義是：「自己能為自己與別人的事負責，人與人的關係才會愉快而流暢！」

建立責任的邊界

本書在開頭第一章「如何了解生活處處是界線？」的末了，就曾為界線整理出四個定義，其中第三點：「我既不需，也不能為別人負責，同時也不可想控制別人；但我又需對別人、也對自己負責！」說的便是：「界線使我們知道我該做什麼？什麼又不是我該做的？每個人都須先為自己負責，但對他人也有責任！」界線能幫助我們劃出「人我之間責任的邊界」，並學習承擔行為的後果。因此，若一個人可隨心所欲，卻不用為自己的行為負責，將會發生很可怕的結果。就像群眾聚集，本來只為了抗議，若不受警察約束，就成了暴動，最終可能發生全城燒殺、搶劫的混亂；責任，是上帝要我們管理自己生命的第二大防線（首先是「動機加嫉妒」的內在律）。

父母是建立孩子具有責任認知的關鍵。人原有的罪性，使孩子天生就會「試探父母的底線」，若他們嘗試後發現：底線堅不

可摧，他們反而「安然」接受了。所以，父母不能不警醒，記得根據孩子的年齡和行為特徵，逐步幫他劃定界線；同時給予一個相對可練習獨立的範圍，讓他自畫界線，直到父母完全可以放手時。

Step 1　父母需有明確的界線

不過，當父母要訓練兒女前，最怕的是父母本身界線不清，隨心情起伏或一時好惡，界線忽鬆忽緊，讓孩子不知界線在哪？什麼能做、什麼不能做？什麼是自己應負責，什麼是自己不應負責的？生活就是這樣真實，每件事我們都需搞清楚，否則動輒得咎！

Step 2　父母需給孩子犯錯的空間

過程中，父母要給孩子犯錯的空間，因為學習不可能一蹴而成，人生也大半在錯中學。有的父母卻因完美主義，既不允許自己犯錯，也不允許孩子犯錯，這是另一極端的發展，一樣會導致某種惡果。

Step 3　父母的責備需恰到好處

有誰在學走路的時候不摔跤的？許多情況只是錯誤不是罪，若太多責備，反而傷害孩子的自我形象。

因此《聖經》也告誡父母：「不要惹兒女的氣！」指的是「不論任何理由，都不要讓他們失去了志氣。」因為沒志氣的人必

不會為自己的生命負責，這樣的父母只好自討苦吃，養他一輩子；時下的宅男宅女啃老族，即是類似的產物。

Step 4 父母需適度讓孩子吃苦

不管教，一時不忍心讓孩子受苦，反倒養出不知責任為何的人，不但進入社會有困難，恐怕有一天還得遭受大環境而來的教訓與苦果。

角色與責任無人可替代

責任律雖標明了每個人扮演的「角色」，有其基本範圍「該當如何」？但同時，責任律是雙向的：「我必須為自己負責，對方也須為自己負責」，若有此基礎，「人我」互動前應已障礙不大！先盡己責的人就不會成為對方的倚賴或覺委屈；不過，責任律的精神還包括：「你需要全然去愛人」，若無法愛人，責任律易流於自私而狹隘。

對自己而言，責任律如腓立比書 2 章 12 節所說：「就當恐懼戰兢做成你們得救的功夫」，人人當先竭力做好自己的事；對別人，則鼓勵並成全對方建立他的責任界線，而非長期幫人擔責，那將「愛之適足以害之」！因為誰都無法代替別人成長，好意替代反而剝奪了他人成長的機會，這點最常在父母對待兒女時發生。

他人遭遇苦難、低潮、無助、絕望、憂傷等景況時，我們應提

供 些援助、陪伴或代禱,這確實叫做「愛的責任」,卻不是一肩頂替。

同理與同情傻傻分不清

這分寸的拿捏,若用「同理心與同情心」(請參考 P.27 附表)的差異來了解,應該較容易。許多人怕被控訴沒愛心,所以活得既累又混亂,但保羅提醒我們「愛心要有知識與見識」(腓立比書 1:9),而非一味掉入他人的問題上,成了「背別人猴子的人」!

區隔此一差別的關鍵在於:承認我只是個有限的人,不是上帝,既無法全知,更非全能;一個人須先負起照顧好自己的責任。(這社會若人人都能負起一己之責,還需警察或慈善機構嗎?)

因此,我可以因為愛,陪伴他人,儘可能認同他人的感受及難處,適時伸出援手(但須有範圍限制),使他有力量與信心在跌倒處站起來(多數人都是在有壓力的環境下反而會成長);然而,對方若是犯罪,幫他逃躲,那就絕對不對了!

管教孩童父母當用「杖」

自小,父母「不可不管教孩童,因為你用杖打他,他不會死。」(箴言 23:13)管教、杖打,都是幫助孩子劃界線,你應當期待從孩子口中聽到以下的說話:「爸爸(媽媽),謝謝你打我,下次可以再用力一點,因為我很不乖!」這不只令愛他、教他的人欣慰,淚水還會奪眶而出呢;尤其現今的社會,這話似乎已「絕

121

版 N 年」了吧！多半父母或老師會聽到的是：「你為什麼打我？」或「你憑什麼打我？」甚至小孩還要去跟警察提告呢！

今天，從小被伺候到大的小孩，或是六個大人（外公外婆、祖父母、父母）合寵一個獨生子女的情況愈來愈多，這些過度盡責或界線不清的大人，忽略了責任律對生命的重要，已形成另一種盲流禍害，所謂尼特族，正是此標誌性問題的呈現。

責任是最簡單而巨大的祝福

訓練一個生命願意主動承擔責任，絕對是條艱辛的路，但這也是對每個生命及這社會，最簡單而巨大的祝福。任何地方或世代，難免有些邊緣及弱勢群體，需要格外被關懷與照顧，但順序上，仍需先有多數活在「責任律」裡健康的個人，那麼這些「額外」的難題，才有辦法在愛心裡一起被分擔。

人生只有簡單兩階段，前半是「一無所有來到這世上，卻不用做什麼就被愛、被養到大」，當然誰都喜歡這樣，但長大了，更深的需要卻是「我可否照顧好自己，且有能力去愛人？」責任律大抵就涵蓋在這兩階段的需求裡了，期待你我都是活在責任律裡的人。

擴張你的界線｜練習題 3

請閱讀以下「海倫・凱勒」的故事，想一想自己有哪些缺憾？這些缺憾，你覺得有可能變成你對他人的祝福嗎？

海倫・凱勒 —— 帶著微笑背負十字架

1880 年 6 月 27 日，海倫・凱勒出生於美國南部阿拉巴馬州的一個小鎮，父親是報紙編輯，母親是受過教育的家庭主婦，有同父異母的兩個兄妹。海倫出生時是健康的，不幸地，19 個月大時生了場大病，失去視力與聽力，發聲器官雖沒有受損，但因看不見、聽不見，不知如何開口說話，自此一生在瞎與聾中生活。

海倫卻常這樣勉勵自己：「在有生之日，要極力學會自立，在能力範圍內盡量不去增添別人的麻煩。」以宗教的說詞就是：「帶著微笑背負自己的十字架。」事實上，她真的做到了，不只能照顧自己，還能用她的經歷鼓勵別人、服務社會。

在她著名的散文〈假如給我三天光明〉中寫道：「我常想，如果每個人在他成年早期，都有一段時間看不見、聽不到，那會是一種祝福，黑暗會使他更加珍惜視力，寂靜會教導他享受聲音。」

身為盲人，海倫給我們這些看得見的人一個忠告：「用你的雙眼，就好像你明天會失明。對於其他的感官，也是一樣：去聽悅耳的樂聲、鳥兒的鳴唱，就像你明天會耳聾；去觸摸你想摸的每個物體，就像你明天會失去觸覺；去聞花朵的芳香，品嘗美味佳餚，就像你明天再也不能聞到或嘗到。」海倫不但「看得見」這世界且懂得欣賞它，我們這些明眼人豈能不更用心去珍惜呢？

第四律、上帝給人最大的禮物│尊重律

如果人不知自己的價值及尊貴,在上帝眼中是獨一無二,就會像洩了氣的皮球,永遠無法知道他該有的美好模樣!

你值得被尊敬嗎?

案例❼

一個身染毒癮、流落街頭的人,你會怎麼看他?何況這人還多次因吸食毒品被緊急送醫,脫離險境後又回到街頭繼續 K 藥,但誰料到,有一天他竟成為某市立大學的心理學博士!

她是霍普金斯,也是該大學第一位女教授,不僅相當受歡迎,更備受師生的尊崇。事情的轉機是發生在她落魄期間,有一次她又被送到醫院灌腸,醒來時,有位修女竟靜靜握著她的手,語調柔和地跟她說話,面容慈藹,讓她感受無比真誠的關懷。

她回憶說:「我亂七八糟地活了那麼多年,她是第一位那樣面對面好好跟我說話的人,我竟也對她說了一些從未告訴任何人的心事:我的家、童年、在街上的難堪歲月……。」

修女很認真地問她:「妳覺得自己有何值得被尊敬的

地方？」起先她全盤否認，可是修女不放棄，繼續引導她：「如果有的話，會是什麼？」她想了許久才說：「我還算聰明，在學校成績名列前茅；後來因故流落街頭，瀕於絕望，竟能讓自己活了下來，且不曾搶劫、欺騙或傷害任何人！」

修女收留她住在教會，以打掃、煮飯等工作支付租金，善待她如同自己的姐妹，從沒當她是無用或低下的人。這些，讓霍普金斯感到「十分被尊重」，才使她開始不討厭自己。更在修女鼓勵下繼續求學，從高中夜間部起，7年後，以優異成績得到第一個學位；再2年後讀完碩士；再3年，取得博士。

沒人天生想自甘墮落！多數是因遭挫、失去盼望、不被人尊重，接著自我放棄；所以，你若愛一個人，得先從「尊重」那人開始；並且，每個人須尊重的第一個對象就是「自己」，因為上帝永遠看重你！

上帝看重每個器皿

不論你外在或表現如何？我們永遠是祂的兒女！如同耶穌剛傳道時，什麼都還沒做，天父就向所有人宣告說：「這是我的愛子！我所喜悅的！」正是要告訴每個人：人的價值，不是因「做」了什麼，乃因我們「是」什麼？

因此，上帝給人最大的禮物是「尊重」，也就是說，祂對祂的每一個作品都有信心！因而，在最初的伊甸園裡，祂便「冒險」

讓亞當、夏娃擁有「自由意志」，他們雖做錯了選擇，這卻更顯出尊重的可貴。因祂寧可「很麻煩地等待我們」從失敗中學會所有的真理，也不輕易干涉或掌控，實在是祂知道生命若非出於自願，再優秀不過是個機器人呀！

若我們是機器人，上帝就一點煩惱都沒有了，因一切「設定」都全照上帝的「旨意」（像電腦內鍵的程式）運作，而那樣的人生就十分無趣了！

但祂尊重我們的結果，卻讓祂得付上極大的代價：因我們一錯再錯，罪孽深而多，幾乎無回頭路（只有死亡一途）！為了世人，祂死在十字架上，換取我們每人的生命，使靈魂重獲自由；這也是我們看待「尊重律」萬不可戲謔、輕率的鄭重態度。

害怕不受尊重

上帝雖這樣尊重我們，人卻因犯罪後自我形象受損，遲遲學不會尊重，以致於多數人的一生是：「害怕別人不尊重我們」，多於「我們不尊重別人」，這才是問題根源！尊重律是人際關係的起步，也是基礎！看起來是在講對他人的態度，實則更需從自己、感恩上帝做起！

案例⑧

有一數學教授去遊湖，租了隻船，在船上閒聊時順口問船夫：「會不會數學？」船夫說：「不會。」他又問：

「那電腦呢？」「也不會。」這教授便搖頭說：「這些都不會，你的人生便失色太多了吧！」

不一會兒，湖心忽然風雲變色，暴雨欲來，船夫很自然地隨口問教授：「你會游泳嗎？」教授說：「沒學過。」船夫於是說：「那麼你的人生可能將失去全部囉！」

這看似諷刺的笑話，卻是真實的生活。許多人心中充滿階級、高低、好壞等差別，如同戴著一副「有色」的眼鏡看待一切，其不尊重之反應，遍地皆是！

尊重界線的精義與高標

我們應全然接納他人的界線，甚至到「喜愛」的地步，也就是當他人願意率直、真實地表明「不」或拒絕時，你該感到高興，因這使你與人互動不用猜測，多輕鬆愉快啊！尤其為人父母，兒女生平第一次向你拒絕或堅定說「不」的那一天，你當欣然迎接！

以下這些說法或想法，都是常見而錯誤的期待心理：

> 「他怎麼可以不載我，明明是順路？」

> 「為何這時你不出來聚餐？搞什麼孤僻啊？」或「你可以找其他時段呀？為何偏偏選今天？」

> 「為何不借？你不知道我很急嗎！這麼沒同情心？何

況我很快就會還你？」

「我曾那樣幫過你，難道你不能回報我一次嗎？」

一旦你生起類似的念頭，自然愈想愈生氣，並覺得自己好像都言之有理！

事實當然不是這樣！人際互動原則應如《聖經》這段話：「所以，無論何事，你們想要人怎樣待你們，你們也要怎樣待人，因為這就是律法和先知的道理。」（馬太福音 7：12）自由才會生出自由，尊重也會生出尊重！所以，無論何事，你想人怎樣待你，你當先怎樣待人，這是最簡單的人際道理。

容忍是尊重？

尊重律最簡易的呈現是：尊重別人不同的選擇，相對來說，不可因自己的喜好，就要強迫別人接受。不尊重他人的社會，其實是退化成野蠻；這需要多數人停止鄉愿，勇敢站出來用輿論抵制，社會才會不斷向上提升。

若沒人抗議這些事，大家一味容忍，就會有愈來愈多人以行動強迫別人，逐漸「積非成是」，使少數訴求尊重者，反淪為惹人厭的抗議者。「大家都這麼做，這是我們社會的文化；有什麼好奇怪？你才奇怪！」

比如強迫敬酒、吸二手菸、公共場所或車上大聲講手機，早見

怪不怪了；乃至窮人被欺壓、女性被施暴，非但法律無法保護他們，反變成被譴責的現象。

改變文化，要靠尊重律帶起的輿論力量。前述手機禮節、性騷擾、二手菸或家暴、動物保護等問題，都須從輿論提供夠大的支持力量，政府才能順水推舟地以法令規範，社會方能逐步從野蠻轉成文明。當然，關鍵仍在心思的更新，就是對尊重律的深刻認知。

而這種因多數人默然而生的怪現象，這世代已進階為「霸凌」。霸凌是尊重的最大敵人，不僅於身體受辱，精神、心理層面也受傷，叫人難以忍受。

就像朋友間常有人強勢主導，親人間的愛遷怒、暴怒，乃至以低軟的姿態實為掌控的情況，像許多父母會說：「反正我就是老了、沒用了！你們忙，不用回來看我了！」甚至貌似勸說，聲音溫柔卻堅不可摧：「我的意思就這麼簡單，聽不聽隨你…。」皆不容小覷！

面對「隱藏的不尊重」

對此，我們常習於忍讓，以為時間過了就沒事，而忽視自己的不舒服或傷痕，久了，往往造成更大的距離，甚至有天越過臨界點，關係就回不去了。比如小孩從小被施暴，若沒得醫治，長大後不知不覺會去傷害別人，他的人際關係便一直在錯誤循

環中打轉。人都不完全，這世上連一個義人都沒有，若不能靠著上帝的愛來撫慰與更新，這扭曲的社會，怎麼恢復美好呢？

所以，孩子自小就要訓練他尊重自我，其前提是：父母須有尊重孩子的習慣。這得從不忽略生活小節開始，凡事堅持尊重原則，比如耐心排隊，不爭先恐後等！

接著，須讓孩子瞭解每個人都是獨特的個體，都有表達不同意見的自由與權利，因此當以禮貌的言行對待他人，尤其不可以好奇為名，探究旁人隱私，須知冒犯他人隱私權還涉及法律問題，所以，隨便翻動別人東西或未經許可擅拿別人財物，均是犯罪。

另外，在群體生活中要學會「服從多數、尊重少數」，這社會最忌「假公義之名，卻行多數暴力之實」，有一天將發展成無可駕馭的災難——少數不被尊重，因而迫使他最終選擇極激烈的手段，這當然也不對，卻是許多災難無奈發生的主因。

慣常把小孩當做「自己的」物品（《聖經》說父母只是暫代上帝養育孩子的「管家」，並非主人），這也是東方文化普遍缺乏尊重的錯誤根源。

凡事源頭偏差，不知不覺便衍生各種人際困擾；日積月累，堆疊成「紅樓夢式病態的愛」——流言蜚語、三姑六婆，生活中毫無隱私、界線可言，這真是我們文化中極大的弊病！

每個人都是可貴的

無人不渴望被尊重，這正是上帝創造人的本質，因我們裡面都有祂「上帝兒女尊貴形象的 DNA」，不容踐踏，更需被全然接納，生命才能──展現其奪目的光彩。在這恢復形象的道路上，上帝已完成祂救贖我們的工作，剩下的，就是我們如何彼此善待了！靈魂無分老少、大小、種族、階層或貧富，人都同等可貴。因而有句話說：「尊重一個靈魂，很可能就拯救了一個世界。」

人若能懂得尊重自己與他人，滿懷感激地面對工作和生活，不要受制於外界的批評或惡意，盡己所能貢獻這世界，這便是生命的真義與美妙之所在了！

所以，再次提醒：「無論何事，你們想要人怎樣待你們，你們也要怎樣待人，因為這就是律法和先知的道理。」（馬太福音7：12）「總而言之，你們都要同心，彼此體恤，相愛如弟兄，存憐憫和謙卑的心。」（彼得前書3：8）

擴張你的界線│練習題 4

以下這首古老的詩歌，你聽過或會唱嗎？請上 YouTube 點聽，如果可以，你聽過之後，請試著由尊重律的角度，寫下你對這些歌詞內容的領受。

《你為何揀選我！》

主！祢為何從萬人中揀選我做祢兒女？祢知我過犯那麼多！喔主！祢赦免了我，掩面不看我罪過，賜下愛子耶穌拯救我！

何等奇妙！至大真神之愛竟然臨到我，歌頌讚美主榮耀祢！救主恩典多稀奇，救主憐憫大又多！使我細思量難明瞭。

喔主！幫助我成為祢的樣式！順服主的旨意永不渝。如今獻生命，為主而生活，與主一同行到天路。

Part ③
反應面

第五律、不是為反抗而反抗｜積極律

 馬路上遇到咬人狗，你會吼回去或拔腿快跑？女孩在荒郊遇到性騷擾，會大叫、抗拒或求助；而人在社會上碰到惡勢力，也會想辦法採取因應措施，這就是界線十律之五「積極律」的來由。

積極律 vs. 動機律

積極律，簡言之是「不需經由思考」，已成為一種態度的反應！與「動機律」有時不易區分。但若將「動機律」喻為「守門員」，球滾到腳前，他可以「全面考量」後再將球踢出去；「積極律」則是「場上的球員」，要憑平日訓練累積的經驗「直接踢球」，當「球來了」（生命經歷碰撞），他會立即做出反應，不過，這反應則因過去一次次的思考、修正、再思考累積而成，最後變成習慣反應。以生活中常見的親子互動為例：

親子耐性賽

父母本希望能給孩子自由自在的生活，但隨著孩子成長，為了訓練節制的品格、約束自然的欲望，父母必須在出門前刻意跟小孩約定，比如：今天只去逛街，不買東西；這過程可能需反覆多次提醒，因為它跟過往不愉快的逛街經驗有關，使得大人無法讓孩子隨興自在，不得不採取的「積極」作法。

然而，父母豈能奢望小孩「一言九鼎」？一上街，他總會又賴皮，要求買吃的、玩的；縱使出門前有約定，最後拗不過孩子的蠻纏，多半會看見父母失去耐性（雖想要有原則），只好棄守說：「好，下不為例！」

有些孩子不知是更高明，還是個性使然？雖不明著要，卻故意徘徊現場，一副「口水快滴下」的可憐模樣，讓父母逐漸心軟，10 分鐘、30 分鐘……，玩起耐性比賽，直到父母認輸！

沒原則的是輸家

或是，孩子答應媽媽遊戲後會自己收拾玩具，但爸爸一回來，催大家上桌吃飯，孩子便忘了這事，媽媽只好自己邊罵邊彎腰整理。再如已約定沒吃完飯不能去玩，但結果是，起初堅持原則，卻不斷「拜託」孩子吞下去；最後，時間拖太久，媽媽自己受不了，孩子仍是沒吃完就下桌了！更糟的是，等孩子玩完喊餓，

母親依舊拿出麵包、餅乾等點心，結果還是功虧一簣。

因著如此，當孩子發現你沒原則、不能堅守界線時，就會「軟土深掘」（台語：得寸進尺之意），愈來愈「盧」與「番」（台語，不達目的不善罷干休的情緒反應），因為他知道，你會「退縮、棄守」，認為他只要吵鬧，你就會投降。

其實不只小孩，舉凡人都會如此。人，都有試探他人底線的傾向，這也是生存之道。俗話說：「沒有原則的人，就活在別人的原則裡。」你不吭聲，大家就當你心甘情願！

容忍是美德？！

人不能總是處於被動，不僅不舒服，甚至會導致情緒爆炸！所以學習「反應」是必須的（也為了「尋找界線」）；但這不是「為反抗而反抗」，而是在過程中「尋求超越」。

「逆來順受」確實是美德，但若照單全收，一味壓抑，將無益且有害，人是有情緒、感受與反應的，否則怎會驚見報載「某溫和無聲的妻子，任憑丈夫驅使多年，有一天突然抓狂把他殺了」呢？

所以積極律的第一步是：要對外來的刺激或要求，真實地表現你的感受與想法（參見表情辨識練習，P.87），第二步才是：積極尋求

正確而健康的回應;第三步是:進一步,為了愛的緣故,你雖有力量反抗、報復,卻願克制、犧牲、忍讓。

因此,彼得前書 3 章 9 節說:「不以惡報惡,以辱罵還辱罵,倒要祝福,因為你們正是為此蒙召的,好使你們承受福氣。」正是「積極律」精神的最佳註解。

恰到好處的積極律

人生歷程不可能平順無波:兒女對父母的掌控不免憤怒,於是避居他鄉;或丈夫有暴力,不得不申請「保護令」分居隔離……,這些緩衝做法,都是為了讓被害者有時間及空間,消化並轉換這些不滿與怨恨。

只是,不能「永無止境」地停在抗議的階段,這是積極律需特別注意的;也就是「必要反抗,但不充分反抗」,反抗只是「暫時的表達」;反應出問題,卻無法解決問題;但若「從不反抗」也不對,那是另一個大問題了!

比如孩子成長的過程,常會經歷需要「反抗」的情境,常見以下五種現象:發脾氣、拗到底、找人哭訴、衝動、打架或暴力,這些都是正常的反應,只是不能把反抗設定為目的!

> 以孩子打棒球為例:當某個小孩上場打擊,被三振或防守漏接,羞愧感使他甩掉棒子或手套負氣離開,若這樣的反應在他身上一再重複,表示這孩子從不曾認

真面對自己負面的情緒，或不懂得轉而反省改善球技，一派要別人承受他的憤怒，幫他善後。

這時，需有權柄者（大人、小孩不拘）溫柔卻堅定地說：「因為你……大家也很難過……不得已必須給你一個新規定：下次若半途離開，球賽結束前，你都不能回來玩了！」當下，他很可能不理會，甚至仍想硬著上場，有權柄者需堅持請他離場。

這是幫助孩子學會積極律所需的過程：每個人面對挑戰或困難，都須積極尋求「停損」線，否則，就如「假藉爭自由之名」，卻行放縱、鬥爭之實的群眾運動一樣，反倒把自己或他人帶向不能逆料的下場。

行在積極律裡

懂得積極律的人，不會不知自己在反對、尋求什麼？或為何暫時受苦、被誤會？以及最終目標是什麼？因自主而自由的生命，都當學會超越對律法或對錯的反抗，也不陷落在情緒驅使的衝動裡，而是積極尋求恩慈的生命，以健康的價值觀為根基，期盼真正解決問題。

如同《聖經》裡有不少「不合情理」的要求，耶穌說：「有人強逼你走一里路，你就同他走二里路……若有人打你的右臉，連左臉也轉過來由他打。」，或「要愛你們的仇敵，為那逼迫你們的禱告……有人想要告你，要拿你的裏衣，連外衣也由他拿去……。」

這些都在教導我們：什麼才是屬天「積極」的生命？是超越地上「合理與否」的作為，願意「主動」為義，「甘心樂願」去持守與真理相關的原則。

要做到《聖經》八福中的「為義受逼迫」，若平日無相關的操練和預備，當逼迫突如其來時，一般人應不太能僥倖有正確的反應。除非平時點滴累積「做對的事」的信念與經驗，不論大小事：比如你很熱情，卻有人故意潑你冷水；你對人好，竟屢遭誤會；主動幫忙還被錯罵等，這都在操練你「忍辱」的基本功，等到有天需為義「負軛」時，才不致掙扎，甚至打退堂鼓。

從更高角度來看，上帝會化咒詛為祝福；苦難，是祂化妝的祝福！逼迫臨到身上，是上帝看重你，因祂知道你預備好了，祂知道你的生命承受得住，已視你如天國子民，所以說：「為義受逼迫的人有福了，因為天國是他們的！」

積極律的碑文

人類歷史裡，曾留下一段完全符合「積極律」的碑文。時間是在二次大戰前，馬丁‧尼莫拉（Martin Niemoller 1892 ～ 1984）這位德國的宗教領袖，在希特勒完全執政前，對納粹死忠支持，後來，因反對希特勒的猶太政策和對德國教會的控制，最後被希特勒親自下令送進集中營。

馬丁‧尼莫拉牧師為了讓世人記住納粹屠殺猶太人這一血腥恥
辱，1945 年在波士頓樹起了一塊「猶太人大屠殺紀念碑」，碑
上銘刻這樣一段話：

> 當納粹追殺共產主義者，我保持沉默！
> ——因我不是共產主義者；
> 當他們追殺社會民主主義者，我保持沉默！
> 因我不是社會民主主義者，
> 當他們追殺工會成員，我沒站出來說話！
> ——因我不是工會成員；
> 當他們追殺猶太人，我保持沉默！
> ——因我不是猶太人；
> 當他們要追殺我！再也沒有人為我說話了！

培養積極律的方法

Step 1 凡事先讓對方嘗試（尊重律），不要取代或阻攔他學習的
機會（責任律），之後，等待適當時機提醒對方要有反應。

Step 2 即使他做錯了，無妨讓他重複再做（比如甩門、丟東西），事
情的「結果」，最終必然會教導他（因果律）。

Step 3 有機會讓角色易位時，提醒他觀察別人的作法或反應，
並聽聽旁人的觀點、感受，進一步示範解決的方法，學
習協商與折衷之道。

Step 4 最後，讓他了解「不主動改變反應，就會在痛苦中循環」（因果律）的原則，並提醒他會「向人求助並不丟臉」，除非你的人生不想繼續往前走！

生活應用 10 方面

總之，未經「積極律」的反應，自由不會從天而降；需你積極表達並堅持；反應只是過程，不能長期停留！**反應也不是要反對什麼，而是要不斷嘗試，找到長遠可行的路！**

當你熟稔「積極律」的訣竅後，生活中雖仍存在各種不合理的現象，你卻可以不斷掌握正確的態度，得著源源不絕的祝福：

❶ 人多半不講道理、只顧自己。但不管怎樣，還是要愛人。

❷ 做好事，別人說你是為自己打算。但不管怎樣，還是要做好事。

❸ 成功以後，你會獲得假朋友和真敵人。但不管怎樣，還是要真誠待人。

❹ 今天所行的善事，明天就會被人遺忘。但不管怎樣，還是要行善。

❺ 誠實與坦率待人，常使你受到傷害。但不管怎樣，還是要誠實坦率。

❻ 眼光遠大的人，常被心胸狹隘的人打擊。但不管怎樣，還是要眼光遠大。

❼ 人會同情弱者，卻只追隨贏家。但不管怎樣，還是要為弱者奮鬥。

8 你多年建立起來的，極可能毀於一旦。但不管怎樣，還是要建立。

9 別人急需幫助，你幫忙之後竟被攻擊。但不管怎樣，還是要助人。

10 把自己獻給這世界，卻大大受挫。但不管怎樣，還是要獻上最好的你。

💡 **擴張你的界線│練習題 5**

仿效上述「生活應用10方面」的造句，你能否以自身的體會或經歷，繼續寫下去？至少5方面。

第六律、雛鳥自己破殼而出 | 行動律

行動律，也稱為「主動律」，與積極律如同一體兩面，重點是：人要「主動」進入環境，便能發現生命原來有極大的潛力！所以，行動律的焦點在「主動」，積極律的焦點，則是「被動」！

自以為是的聰明

我相信很多人聽過這故事。

> 某人在登山的樹林裡，意外撿到一顆鳥蛋，回到家，因好奇這顆蛋裡到底是什麼鳥類？便耐心地以小燈泡熱孵它，許多天之後，果然一早，這蛋真的即將孵出小鳥來了。

> 但他一心急，當雛鳥正要自己啄殼而出時，他好意地從外邊幫牠撥開，看似速度加快了，結果卻使小鳥跌倒站不起來，也不會飛翔了。

近幾十年來，「剖腹」生產的孩子愈來愈多。據研究，自然產的「產道經驗」，讓生命歷經封閉、痛苦、掙扎、擠壓，會令嬰孩體內自然分泌某些物質，成為這個生命往後在成長路上承受壓力及力量的必要經歷。

但是人自作聰明，想免去生產之苦（剖腹，原本只為少數有危險的胎兒

不得已才採用），卻如上述「助雛鳥一臂之力」，反而成了「幫倒忙」；下一代的孩子之所以普遍比起上幾代人退縮或軟弱，宅男宅女增多，據研究剖腹產也是原因之一。

你是「主動」還是「被動」？

上一篇積極律的主旨可簡述如下：「人在環境中碰到挑戰或試探，反應若止確，生命便能大步成長。」本篇討論的行動律，亦稱主動律，與積極律一體兩面，其重點是：人要「主動」進入環境，就能讓生命發揮潛力。**行動律焦點在「主動」，積極律的焦點是「被動」！**

界線遍及生活每個層面，在上帝創造之初，便給人「主動」進入生活去面對問題的能力。因此創世記第一章就宣告人：「要生養眾多，遍滿地面，治理這地，也要管理海裡的魚、空中的鳥，和地上各樣行動的活物」。

此段經文的關鍵字是「要」，上帝不會幫忙做我們份內、能力內的事（份內事叫責任律），而是我們自己「要」去做，但祂會在我們願意踏出步伐，或遇見困難向祂禱告求助時，為我們加添力量，這是行動律的最佳註解。

可惜，人因自私加上肉體好逸惡勞，很容易就趨向退縮、慵懶或被動。然而，生命中確實有許多事是人做不到的，甚至多數時候是需要被幫助，所以上帝不曾責怪人沒有能力，祂甚至會

幫你,只有一種人才會惹祂不悅,就是「又懶又惡」的僕人!

你是「想動」卻沒有「行動」?

馬太福音 25 章 14 ～ 30 節「按才幹受責任」那段講述的便是這個概念,有一千兩的為何被責備,不是因他的資本比二千及五千少,而是他不努力嘗試,懶到「把錢埋在地裡」。

按常理說,沒事的人不是時間最多嗎?當人需要人幫忙時,應優先找這樣的人?可是恰恰相反,愈忙的人,往往愈多人找他,為何?因為他雖忙,遇事卻有正確的反應(積極律),事情交在他手上,他會用心做好(責任律),再者,他知道他能做什麼、做到怎樣程度?(行動律)

而擁有越多空閒的人,往往不會規劃時間,也不知按優先次序安排,所以生命茫然、缺乏目標,生活一團亂,甚至整天閒閒沒事。

也許你會說:「我喜歡無事一身輕。」不過,你還記得第三律(責任律)所提到的:「人需要成就感才會快樂,能擔當責任的人,心才會得滿足。」偶而悠哉不錯,但吹風納涼太久,靈魂是會「感冒」的。

一萬小時練習的理論

若清楚這道理——人各有天分,皆是上帝的恩賜,而舉凡各行

各業的翹楚者，不論天分如何，在他發出耀眼的光芒前，據研究，都必須要經過「一萬小時的練習」。

這發現確實激勵人！也顯明上帝給予每個人的機會都是公平的，沒有誰比較幸運，能擁有別人所沒有的，而是只要願意不斷「行動」的人，都能嘗到成果的甘甜。

世界頂尖學府「哈佛」的老師們常給學生這樣的告誡：「如果你想在進入社會後，得到應有的評價，你在哈佛就學期間，理論上根本沒什麼曬太陽的時間！」該學府培養了許多傑出名人，迄今至少有 33 位諾貝爾獎得主、7 位美國總統，以及數不盡的各界菁英。他們如何能領先群倫呢？你以為是他們的資賦較優異嗎？請看看以下所列 20 條訓言，相信會改變你的觀點。

1 此刻打盹，你將做夢；此刻學習，你將圓夢。

2 荒廢的今日，正是昨日喪身之人祈求的明日。

3 覺得為時已晚時，恰是起步的時候。

4 勿將今日之事拖到明日。

5 學習時的苦痛是暫時的，未學到的痛苦是終生的。

6 學習這件事，不缺乏時間，是缺乏努力。

7 幸福或許不排名次，但成功必排名次。

8 學習不是人生的全部，但若連人生的一部分（學習）也無法征服，還能做什麼？

9 請享受無法迴避的痛苦。

10 只有比別人更早、更勤奮的努力，才能嘗到成功的滋味。

⑪ 誰也不能隨便成功，成功來自徹底的自我管理和毅力。

⑫ 時間在流逝。

⑬ 現在流的口水，將成為明天的眼淚。

⑭ 狗一樣地學，紳士一樣地玩。

⑮ 今天不走，明天要跑。

⑯ 投資未來的人，是忠於現實的人。

⑰ 受教育的程度可能代表你的收入。

⑱ 一天過完，不會再來。

⑲ 即使現在，對手也不停地翻動書頁。

⑳ 沒有艱辛，便無所獲。

主動，會帶給人最多的喜悅和機會；願意「行動」，自然會看見路途前方的亮光！能主動而有行動，便是懂得行動律了！

主動可不是衝動！

然而，主動和「衝動」大不同；如同被動反應（積極律）和「依賴」也不一樣，都差之毫釐，失之千里。

主動是凡是能做就去做，盡力補足欠缺，幫助自己完成自我。正應合了腓立比書 2 章 12 ～ 13 節所說：「就當認真做成你們得救的工夫。因為你們立志行事都是上帝在你們心裡運行，為要成就祂的美意。」也就是說，上帝會幫你，但你了解自己的特質嗎？本分做到了沒？

還記得小時候聽過，至今仍覺得不可思議的〈懶人故事〉嗎？

描述有一戶人家出外遠行，擔心懶兒挨餓，於是把一塊「大餅」掛在他胸前，讓他隨時可以充飢，豈料這人到頭來還是「餓死」了，因為他連「低下頭」吃東西都懶。

也許是個笑話，卻發人深省！許多事不都從小小的疏忽開始？所以父母教養孩子，也切勿輕忽「小惡小壞」，若不即時糾正，恐有一天會釀成大禍。

被動或依賴習慣的人，生活裡常會有這 6 種表現：

1. 拖延
2. 忽視（漫不經心）
3. 不願冒險或嘗新
4. 活在幻想
5. 孤僻
6. 被動反抗

請檢視一下自己有否其中一二？請在本章末了的「練習題」，試著回答看看。

寧可主動出錯，也不要被動而無恙

若你只是偶而有上述現象，自然無須大驚小怪；不過不擅「行動」的人，也常有以下幾種「內在問題」，需要去面對或修復，比如：不明的恐懼、親密關係帶來的傷害、過去與人衝突的失敗經驗，乃至長期活在挫敗中。

這些若有一定的出現頻率,「即時」處理是非常必要的,否則拖沓久了,過了臨界點,可能導致憂鬱症、吸毒、酗酒等成癮;而想幫助這些內在有狀況者,家庭仍是主要助力的來源。

父母須先有主動的榜樣,並為孩子劃出責任界線;生活裡有機會就讓他經歷與感受到「不動」的痛苦;過渡期間,你寧可他「主動而出錯」,也不要他繼續「不動而無恙」;比如:小BABY 剛學會吃飯時,雖弄得滿地飯菜,仍要給他時間練習;通常熬過這一關,就容易突破親子教養各方面的問題了。

《聖經》中行動律的經文

《聖經》中提到行動律的經文很多,「要天天背起十字架來跟隨神」(路加福音 9:23)、「要先尋求祂的國和祂的義,這些東西都要加給你們了」(馬太福音 6:33),另如「要靠主常喜樂」(腓立比書 4:4),因為基督徒只要願意過著「禱告、祈求和感謝」的生活,便可一無掛慮,得以喜樂(腓立比書 4:6)。

何況基督徒只要肯倚靠祂,就可以輕省:「祂的擔子是輕省的,軛是容易的」(馬太福音 11:30),其他觀念像「與上帝有美好的關係要從多禱告開始」、「學習禁食與攻克己身,便是積攢財寶在天上」等,都很貼近此律。

不可小看每個生命的極大潛能

一切生命都有它的成長途徑，任何不當的介入，皆會帶來干擾及傷害，這若發生在一個國家，如中國清末的「鎖國」，因著慈禧太后的逃避與自滿，不僅使國力倒退，引來八國聯軍的侵犯，還險些亡國；中國最強時期如漢唐，則以「開放」並「主動」往外發展，充滿「行動力」。

生命也有極大的潛能。　如電影《侏儸紀公園》劇中的經典台詞：**「每個生命都會自己找到出口！」** 因此，千萬不要輕看自己，也不可低估他人；只要你不放棄，生命的界線是可以挪移、成長的。

人類本無貧富貴賤之分，若有差別，只在於「錯誤或正確的自我形象」所導致的一種判別。孩子長大後，都需要到外界去應對各種狀況的挑戰，如同軍隊裡說的：「合理的要求叫訓練，不合理的要求叫磨練。」真實人生也很貼近這種概念。

面對生命各樣的碰撞，不僅要學會適應之道，同時能激發能力；每個人都當勇於行動，不論對或錯，方能知道下一步該怎麼走了；生命必須是往前不斷嘗試，而非退守。

上帝隨時陪著我們，祂斬釘截鐵地告訴我們：「你們祈求，就給你們；尋找，就尋見；叩門，就給你們開門。」（馬太福音7：7）因祂自己便是充滿行動力的上帝！耶穌也說過一句很激勵人的

話，可作為「行動律」極好的註腳：「我父做事直到如今，我也做事。」（約翰福音 5：17）

我們都是上帝的兒女、耶穌的門徒，祂到如今仍在做新事，你我呢？曉得怎麼過日子了吧？

🔅 擴張你的界線 ｜練習題 **6**

生活裡，你是否有類似「被動或依賴」的習慣？如同 （P.147）所列的 6 種現象，請就你自身的情形，提出來討論或尋求有效的改善方法。

```
┌─────────────────────────────────────────┐
│                                         │
└─────────────────────────────────────────┘

┌─────────────────────────────────────────┐
│                                         │
└─────────────────────────────────────────┘

┌─────────────────────────────────────────┐
│                                         │
└─────────────────────────────────────────┘

┌─────────────────────────────────────────┐
│                                         │
└─────────────────────────────────────────┘

┌─────────────────────────────────────────┐
│                                         │
└─────────────────────────────────────────┘

┌─────────────────────────────────────────┐
│                                         │
└─────────────────────────────────────────┘
```

Part ④ 使用面

第七律、寧可失去百體中的一體｜評估律

在生活、工作、家庭各方面，遇到任何人、事、物，都需學會評估後再應對，但要評估什麼？怎麼評估？方法和秘訣又是什麼？

評估律之於「婚姻」—— 關係勝於對錯

你一定聽過，夫妻常為了一些莫名其妙的小事吵得不可開交，如擠牙膏、掀馬桶蓋等，別小看這些芝麻瑣事，日積月累必成為婚姻關係磨損的來源，該怎麼面對呢？因此，若要把「評估律」使用在婚姻家庭裡，首要強調的便是：「關係要勝於對錯」！

案例⑧

我的好友維哲，曾為教會某姊妹，準備了很特別的婚禮致詞。他恰當地引用《聖經》經文：「倘若你的一

隻手或一隻腳叫你跌倒，就把它砍下來，你缺了手腳可以進入永生，強過四肢健全卻掉落地獄。」（馬太福音18：8）並把這段經文的意思：「我們雖要毫不留情地將一些不好的習慣或行為，從生命中剷除，但更要重視關係勝於對錯。」融入他的婚禮禱告詞裡：

主啊，我聽說夫妻會為了擠牙膏而吵架，如果有一條牙膏叫他們兩人翻臉，你就把牙膏丟到地獄裡，雖然他們牙齒都掉光了，卻能恩愛和諧，強過兩人的牙齒潔白卻爭鬧不休。不過，如果他們願意一人用一條牙膏，這樣也很好。

主啊，我聽說夫妻也會為了誰來掃地爭吵，如果他們兩人因為掃地的事而跌倒，你就把掃把丟到地獄裡，家裡不是很乾淨卻能恩愛和諧，強過家裡一塵不染卻紛擾不休。不過，如果作丈夫的願意多分擔家務，這樣也很好。

主啊，我聽說夫妻常為了誰對誰錯而吵架，如果他們兩人為了爭對錯而僵持不下，你就把面子丟到地獄裡，兩人都失去面子卻能恩愛和諧，強過都保有面子卻忘記包容彼此。不過，若夫妻中有一人願先退一步，這樣也很好。

主啊！讓夫妻跌倒的事太多了，求你把這些芝麻小事通通丟到地獄裡，讓這對新人不再為了兩人的差異而跌倒，永遠保有起初的愛，這是我衷心的祈禱，求祢

垂聽，禱告奉耶穌基督的名，阿們！

我之所以詳細引用此例，因為這真是個標準的「評估律」應用，適合提醒為小事動輒離婚收場的夫妻。這段話講得有些詼諧，輕鬆裡卻有嚴肅的期待與看見：然而，多數人連這起碼的認知都沒有，難怪婚姻問題越來越嚴重，令人不勝唏噓！

評估律的「前提」──人有很強的學習力

案例❾

記得我兒子 3 歲時，吃飯慢吞吞，本來餐餐追著餵，如此連續約有一年半，有天，我被折騰得快抓狂了，才把友人之前的建議：「不吃，就收起來呀！」聽進去。

沒想到聽從有經驗父母的勸言，下定決心，我只收了三次，就全然奏效了！最大的收穫還不只省下時間（每天三餐約 3 小時，一年半約 1650 小時），而是我們父子都因此學會了「責任、積極、尊重」等律。

人不怕能力有限，只怕「無知又頑固」。其實上帝給人「很強的學習力」，是其他生物所沒有的。不信！你仔細觀察各種動物，牠們一被創造，身上就有兩三樣不變的特質，比如狗狗永遠忠心熱情，雁子合群且互助，鮭魚懂得尋根，拚了命逆流回鄉，牛兒總埋頭無怨地孜孜工作……因為上帝已為牠們「設定」好要這樣或那樣，不用學就做得到。

唯獨人不同！可以學習每種生命的優點；但若不肯學呢？就會四不像，甚至一事無成！為什麼呢？因為，人是唯一按著上帝的形象造的，祂給了我們最棒的禮物──自由意志：也就是你可以自由選擇，上帝不輕易干預，空間大到「連你不信上帝」都可以（就是拒絕耶穌的救恩）！

這是上帝對人最特別的愛──絕對的信任及無限成長的空間；但相對的，你就得事事對自己負責了，這便是人能使用「評估律」的原因。

人生可以簡化成這樣的描述：分分秒秒都在評估與選擇，你的每一步隨時要決定向前或後、向左或右，或原地不動？

沒有人不想要這麼好的禮物！除非有人願意只做個「機器人」？

有時很累或沮喪，或許情緒上來會說些自我棄絕的話，一旦休息夠了，心情與力氣恢復，仍會說：「我還是要自己來，自己做選擇！」這也是上帝的心意：使人經由這樣的磨練，成為一個具多重優異特質卻謙卑而寬闊的生命，不斷朝「像上帝的樣子」而前進成長，因為，我們本來就是天父的孩子呀！

評估律的「祝福」── 會「受傷」卻不會「遭害」

人雖不完全，但只要不固執、不怕改變，許多錯誤的經歷原都

是有益的，雖然人無法百分百無誤，但「做選擇」總比「一直拖拉不做決定」好！因為錯了就做修正，你將不斷往前，漸漸便達到目標；若擔心錯誤而不選擇，只能停在原地不動，甚至因畏懼而倒退。

所以，評估律給人的祝福是：有些事會「受傷」，卻不致「遭害」，甚至是有益的。能否分辨「傷」與「害」？是決定學會評估律的關鍵。

因為被管教或失去東西，雖讓人難過，這叫受傷；但遭害，指的是人格被羞辱、自信心喪失至於沉淪，則最好避免發生。例如：找牙醫拔牙，會「傷」口腔的皮膚或「損」失一兩顆牙，但不會「害」你整口牙壞光；吃糖雖不會立即傷你，終究卻可能害牙齒全部蛀壞。

生命的成長本來就包括痛苦（連長高都會有半夜筋痛的現象）；反之，並非痛苦就會帶來成長。所以有種苦叫「白白受苦」，另一種叫「有受苦的心志」，就是他知道自己在承受什麼？這兩者迥然不同；一如為義而戰，與因婚外情而被棒打的苦，是完全不一樣的！

評估律的「基準」── 界線的其他九律

想要熟悉評估律，除了不斷練習，還需掌握其他「九律」成為評估的基準。

案例⑩

有三幼兒的五口之家，若想用投票表決午、晚餐吃什麼？恐怕吃巧克力或漢堡的機率（小孩3票：大人2票）會很高！而且「種什麼，收什麼」（因果律），將導致孩子牙病或過度肥胖。

這時，必須捨去「假性民主」，父母須曉得孩子未學會「責任律」（照顧好自己身體的責任）前，不可開放這種表決。

案例⑪

有名的親職專家竹君，在其著作《愛的雕琢》中提到：「有次，全家要出門去了，大女兒妮亞卻被放在後院3小時」的例子。

因前一晚，女兒明知隔日需早起聚會，卻晚睡遲起且慢吞吞（對自己，沒責任律，對父母，失了尊重律），竹君「評估」後，便下令說：「媽媽已跟你說過好幾次，昨夜還特別叮嚀，為了愛你，幫你建立正確的習慣，現在只好按我們事前的約定，留你一人在後院。」

為何這樣做？因為，不能讓犯錯的孩子仍舒服地留在屋裡，這樣她不會有被懲罰的感覺；可是看天陰欲雨了，讓她淋溼受寒也不宜，加上美國法律規定不能將孩子單獨留置家中，故折衷把她放在屋簷遮雨的後院廊下，總之，父母就是得忍痛堅持讓她受罰。

評估律的「果實」──忍一時之苦帶來盼望！

案例⑫

我的好友婉婷在幼年曾跌斷腿骨，需用輔助器走路，若不如此，未來將不良於行。那段日子，她父母的痛苦、掙扎、退縮、自責……可想而知！但他們一起熬過來了，這便是正確使用評估律的益處：忍一時之痛，得著長遠的祝福。

案例⑬

有一天，某作家剛從國外旅遊回來，很累，又是週末，十分不想寫文章，但他在報紙上有個專欄，若不能如期交件，可能會失去長期發表文章的資格！原有的出書計畫也會泡湯，甚至可能失去後續的演講、教課等機會。

他母親一旁看著，便說：「那麼累，就不要寫了嘛！」甚至準備去銀行領錢給他！他這才驚醒過來，趕緊打起精神，把該交的稿子寫出來。這便是評估律在他心裡的幫助了。

上帝所立的界線──天國是窄門！

耶穌說：「引到永生，那門是窄的，路是小的，找著的人也少！」神很愛我們，期望我們未來有好去處，但天與地間卻有界線，祂也只能明白地提醒我們，藉著保羅告訴我們說：「我想，現在的苦楚若比起將來要顯於我們的榮耀，就不足介意了。」（羅馬書 8：18）

雖然如此，保羅卻另外看見：「你們所遇見的試探，無非是人所能受的。神是信實的，必不叫你們受試探過於所能受的；在受試探的時候，總要給你們開一條出路⋯⋯」（哥林多前書 10：13）

這些信息給了我們不小的信心，生命應當放膽去嘗試，只是，凡事若能先使用評估律就更好了。**評估在前，一是可將損害減到最少，二是儘可能不傷害他人。**

做評估，除了界線其他九律可使用外，《聖經》有段經文也適合拿來模擬練習，就是以弗所書 4 章 15 節的「惟用愛心說誠實話」，將這句話拆解，有四種組合：

1 不用愛心說謊話
2 不用愛心說誠實話
3 用愛心說謊話
4 用愛心說誠實話

這四句話既耐人尋味，又能幫助你遇事需做判斷時，至少有四個方面的思考！

總之，凡事有利必有弊，這是評估律的基本認知；沒有一件事只得其益而無其害！所以關鍵在我們如何善用，而非老是躲避不作決定，人生若總是如此行事，無論你有多聰明，恐將難有指望了！

💡 擴張你的界線 ｜練習題 7

你是否常會陷入痛苦中，不論是什麼原因造成，以下提供評量痛苦的四個原則：

1 不讓造成你痛苦的對方，他的痛苦控制你的行動。
2 把你的痛苦和所關心對象的痛苦分開。
3 幫助對方或自己看到逃避不能使痛苦減少，而是要學習與痛苦牽手渡河。
4 確定並鼓勵自己，這痛苦，可以帶領人走向更成熟。

請以此四原則，應用在一樁曾在您身上發生過的事，並分享你透過這樣的評量提醒，有何收穫？

第八律、請打開你內心的窗│顯露律

「顯露律」是個重大的提醒:「即便你知道前七種界線了,若不顯露、使用,就等於沒用!」你準備好要讓界線呈現在生活中,成為您的經歷了嗎?

讓信心與行為被看見!

不少人看過界線相關的書,並非沒有這方面的知識,但為何人際關係仍坐困愁城?除了未能將知識融會貫通,應用於生活,另外的關鍵就在「不敢使用顯露律」,何以不敢?多半是「生命」問題;這人需有力量及信心「刻意」去做,否則誰也愛莫能助。

因為空有 1 ～ 7 律在手,如同武林中人背了 7 把利刃,卻不抽劍試揮,終究形同手無寸鐵之人。

雅各書是《聖經》裡「人際輔導」觀念最多的一卷書,其破題的教導在 2 章 17 節:「信心若沒有行為就是死的。」生命中的一切領受,若只停在思考,卻無法「行」出來,如同事情只做一半;或開會只提「計畫」。

界線觀的應用,不外乎人與「自己、他人、外在環境」互動的秩序與原則,一旦掌握精神,熟悉方法,理當享受流暢而輕快的美好人際生活。

成就界線十律的關鍵

位居前七律與後二律之間的「顯露律」，著重在「概念」的提醒，卻也決定了其他幾律是否達到其功能的關鍵。

人既活在關係裡，界線必無處不在，了解界線絕非為了與人保持距離，而是更清楚怎麼去「愛」人！神的兒女是光明之子，渴望活在光中；因為一切敗壞的東西（例如：罪惡、混亂、汙穢、羞恥），在光中全都得遁逃；光也能殺死各種致病的細菌，使生命恢復活力。

顯露律和光有類似的屬性，因為任何錯誤的關係若隱藏起來，久了將變質為「被操縱、委屈或痛苦」的狀態，一如黑社會為何乖張？只因多數人怕惹事，姑息養奸，罪惡便在黑暗中滋生。

所以，慣於隱藏界線的人，也將使其未來的人生，在不斷的妥協或退縮中度日，最後積怨成疾、哀嘆一事無成！人際關係「過或不及」都不妥，皆需達到「適中」的關係才可長久。其中一方須放手，另一方則多嘗試，接納彼此的差異，雙方才能得到改變後的甜美。

鼓勵勇於「表達」

顯露律鼓勵我們勇於「表達」，爭取自己與對方有溝通的機會，不要活在各種猜測、害怕或模糊的關係中。如：女人總喜歡男友或老公猜她想什麼、要什麼？若了解男女差異，卻拼命要對

方猜測,這叫「自找麻煩」!不但討不到歡喜,很可能惹來一肚子氣。倒不如「明白」告訴他,雖少了羅曼蒂克,可是男人不但喜歡這樣,更會感謝女人。

有一段時期,日本社會突然盛行老年婦人的「出走風」,等老公領了退休金後,她竟毫無預警地捲款消失。為什麼?因為大半輩子的忍耐、委屈(日本社會是有名的大男人主義)無法坦蕩表示,更可能是說了也不被老公當一回事,於是心裡積壓大量的怨恨、失望,最後零存整付,一次討回!所以這不是「突發」事件,而是早就有跡可循。

「生氣卻不要犯罪」(以弗所書4:26),正是呼應「顯露律」的標準經文。

沒有人不會生氣的,不要過度樂觀以為某人是沒有脾氣的!中國諺語說:「只要是吃五穀雜糧的,沒有一個不會沒有『氣』的!」如果連上帝都允許人把不滿的情緒發散出來(詩篇裡有許多大衛的訴苦甚至罵人的話),有誰能阻止我們呢?只不過,我們也都需學會「情緒管理」,不能放縱怒氣,以致傷了別人或犯罪!那就不是祂所允許的了。

人際四象限周哈里視窗

人際輔導學有一著名的「周哈里視窗」(Johari Windows)理論,以數學的四個象限區隔每個人都存在的四部分:

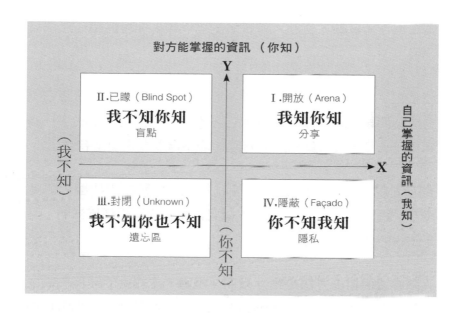

Ｉ我知你知（開放）、Ⅱ我不知你知（盲點）、Ⅲ我不知你也不知（遺
忘區）、Ⅳ你不知我知（隱私）。我們與外界互動，最多的是 1（開
放區），Ⅱ與Ⅳ次之，至於Ⅲ，有人稱為「遺忘區」。

為何我們常只用到第一象限？因為，人對人多有防衛心，初識
僅止於打招呼、寒暄即可，此謂「泛泛之交」，若非發展到一
定的交情，自然是「謝絕參觀」隱私；盲點呢？不熟的人當然
不可能發現；至於第三象限，連當事人都不知道了，何況他人。

盲點有兩部分，一種是止於己的，如：過敏易受傷，另一種則
可能傷人或有不當，如：說話不自知地得罪人、順手牽羊、公

器私用等。盲點,若無人願冒險誠實以告,你可能始終無法自己發現。

隱私呢?自己知道,但愛面子、心存僥倖,鴕鳥似地希望它不會成為問題。除非你願意掀開它,不然好壞都是你家的事,必須自己承受。人,就是這樣有限,能不自欺欺人便是智慧了!

常有人說:「我跟你這麼熟了,你應該知我在想什麼、要什麼?」這其實是「奢望」,不但對你與人的互動毫無幫助,且是錯誤的期待,只會帶來失望!

人際睿智的相處方法是相互敞開、坦誠,愈親密的關係愈需要敞開!台灣俗話說:「嘴饞裝客氣」,可見我們的文化習慣拐彎抹角;想吃就直說,想要就表示,除非時間地點十分不恰當,否則何須顧慮那麼多?頂多被拒絕,有那麼難堪嗎?人越坦誠,生活越自在。因此,盲點、隱私與遺忘三區,皆應隨著生命的成熟度而縮小。

多「顯露」,有助於縮短人際(與神也是)的距離。可惜,因人有罪與罪咎感,喜歡躲藏,從創世之初,夏娃吃了善惡樹果即已開始;上帝未責怪,他倆卻藏起來了;慈愛的神溫柔地問:「你們在哪裡?」而不是說:「你們做錯事了,給我出來!」

人、神最初的互動,讓我們對「顯露」應更有信心!神期待我們勇於承認錯誤、敞開軟弱,是因祂有永遠的慈愛。神是光,

身為祂兒女的也當如此，也因為「隱藏的事沒有不顯露的」（動機律），不斷嘗試表露，是收割良善人際關係的第一步。

從周哈里視窗的分析，可見人多半不了解自己，常活在不想面對自己的景況中。好比摩西，當上帝呼召他帶領以色列人出埃及時，他說：「主啊，我素日不是能言的人，就是從你對僕人說話以後，也是這樣。我本是拙口笨舌的。」他講的是實話嗎？或在上帝面前客氣了？

交託信靠得自由

上帝並沒說摩西的話是虛假，而是祂要宣告並「顯露」一件事：人不知自己沒關係，只需相信神。上帝要我們超越自己的有限，單單學會倚靠「自有、永有者的榮耀與權能」。我們都不如摩西，他尚且對自己不甚了解了，何況你我？只要我們敢把自己交給神，祂必能使我們勝過這一切，得享心靈完全的自由。

這時，邀請你來想想：在你生命裡未敢顯露的有什麼？

1. 心頭滿是複雜不良的動機、時而奔出的邪情歪念？
2. 你其實不曾憐憫比你軟弱卑賤的人，反而充滿忌妒、貪婪與私慾？
3. 專顧自己，不甘為旁人犧牲時間與心力？
4. 為何每件事都要付出辛苦的代價才能得著？若能不勞而獲該有多好？

5 我這樣有能力，為何只有這一點人跟著我？且是老弱殘兵，
一如跟隨大衛的盡都是受窘的、欠債的、心裡苦惱的？⋯⋯

因此，耶穌說：「你們的話，是，就說是；不是，就說不是；
若再多說，就是出於那惡者。」（馬太福音 5：37）大衛也說：「祂
所喜愛的，是內裡誠實。」（詩篇 51：6）

是的，內裡誠實，非常重要！顯露律之所以也叫「坦誠律」，
有以下 7 原則可供應用時參考：

1 自己先要事事坦誠。這是讓人際雙方都能敞開的關鍵。

2 讓你的周遭界線清楚易懂。比如家規不宜多；因為法條多，
犯罪也多。

3 盡量幫彼此除去懼怕，使人可以放心溝通。溝通先從表達
「感覺與想法」開始，然後標明「導致的結果」，最後提出
對下次互動的「期待」。

4 不讓「沉默」做王。也就是以「問」的方式或聽懂他的意
思後，誘導他說出；也可為對方鋪路，比如用是非或選擇
的方式，讓他容易做答（妻子對丈夫尤其需要）。

5 不介入三角關係。鼓勵對方自己去溝通，而非你幫忙傳話
或出面，這樣會成為「背猴子」的人（即背負他人責任），既無
助於事，甚至情況更糟。

6 語氣溫柔地引導他講出自己的界線（包含感受、想法與期待等）。

7 不管結果好壞，都繼續愛他，為他禱告，直到他經歷神的愛。

界線的「實習篇」

人要「打開內心的窗」，絕不是容易的事！但凡事總有第一次；如果說前七律是「理論篇」，那麼，顯露律則是每一律的「實習篇」。

東方民族在這事上較不擅長，然而，真理既可以使人得自由，你我便只有一條路，像保羅說的：「忘記背後，努力面前，向著標竿直跑！」

評估律之後的顯露律，不是停留在思考，而是下達「命令一般」的行動要求；不要用想的，而須有種從背後用力推它「豁出去」的感覺，這是顯露律的「不歸路」啊！

如同彼得看見主耶穌走在水面上；你只要看著上帝、想著耶穌，其他什麼都不要想，那才是你可以跨出這一律的最大力量！

擴張你的界線 ｜ 練習題 8

請以「周哈里視窗」（Johari Windows）理論，把你過去與人互動的經驗，分享關於周遭親人或自己「隱私、盲點、遺忘」這三部分的實例，並寫出你得勝的經歷。

第九律、上帝好像袖手旁觀｜因果律

「因果律」與前八律最大的區別是：它也可歸於天然界線（皮膚、語言、時間、空間、心理……），所以另稱為天然律或自然律。天地之初，這世界已開始按此規律運作，彷彿是自然界、生命間的「自動化機制」，成就了萬物生生不息的循環運作。

因果律不同於因果循環

「因果律」源自加拉太書 6 章 7 節：「人種的是什麼，收的也是什麼。」或約翰福音 4 章 36 節：「收割的人得工價，積蓄五穀到永生，叫撒種的和收割的一同快樂。」意即因果律強調「人因栽種什麼，自己便活在什麼樣的生命裡。」

接續加拉太書這節經文的下句，則告訴我們一個「超越自然律」

的祕訣：「順著情慾撒種的，必從情慾收敗壞；順著聖靈撒種的，必從聖靈收永生。」前半句**「順著情慾撒種」**，是指人的肉體活在「自然因果裡」，後半句**「順著聖靈撒種」**，可就不止於「因果律」，已躍到第十律「能力律」。

簡言之，能力律有因果律，但超越因果律，而因果律卻不含括能力律。一個人若願意把「生命的經歷與主權交給上帝」，充滿憐憫的上帝便賜下一條新的道路，使人得以有可能跳脫「種什麼就收什麼」的結果。

然而，佛、道等教徒常受困於「因果循環」（六道輪迴）之說，但這裡所說的「因果律」，卻不同於「因果循環」，必須先此強調，否則誤會就大了！

《聖經》的真理能幫助人們脫離因果循環、六道輪迴的宿命觀，而有一種超越性：原來，身體雖活在「三度空間」的限制裡，靈魂卻是上帝所賜，可以進入「第四、五度……空間」，而你須先選擇接受上帝的救恩，否則，沒有其他方法能改變這事實。

這便是約翰福音 14 章 6 節為何有段驚人的話語：「耶穌說，我就是道路、真理、生命；若不藉著我，沒有人能到父那裡去。」這話很稀奇：「若不藉著我，沒有人能……」亦即，你可以不信，那就沒有任何方式能使你的靈魂到天父上帝那兒！你只能活在有限的肉身之軀的法則裡。

所以，加拉太書這段話，旨在提醒我們：「人可以順著肉體生活，也可倚靠聖靈的引導來跨越各種限制。」如果你不能看見這兩種律的天壤之別，那沒關係，就好好置身在「大自然的因果律」裡生活便是。

井然有序各從其類的世界

大家都很熟悉大自然的因果律，如：蘋果受地心引力影響，終究掉落在地；人晚上不睡覺，身體得不著正常修復，便會提早衰敗；不努力學習，哪能僥倖事事順暢；老是亂講話的人，不太可能人緣多好……。這世界日昇月落、春去秋來，十分「井然有序」，乃因上帝一開始就這樣安排。

讀過創世記頭一章的人都知道，當祂尚未創造人類的前五天，有一個不斷出現的詞語是「各從其類」，表示萬物被造的背後，一直有著強而有力的規律。而祂與人類的始祖亞當、夏娃，起初很親密地互動，在一次關鍵的抉擇後，卻讓愛他們的神頗為失望，從此，上帝好像銷聲匿跡了？

難道，祂就這樣不管我們了嗎？當然不是！因祂早就安排好了，看似退出人類的生活，其實是把我們擺在「大自然的因果律」裡受訓練，我們雖像亞當、夏娃一樣逃避祂，祂卻展現極大的耐性，看似「袖手旁觀」，直到我們明白祂的愛與救贖的恩典時，才啟示我們另一個「屬靈界的因果律——能力律」。

上帝若不設下因果律，這世界運作不了幾天，馬上大亂；試想：天地之初若先有種子菜蔬、魚類禽獸等動植物，之後才有陽光空氣水，只怕一切生物都無法存活了，不是嗎？生命不能顛倒次序，否則苦果（今天的異常氣候）必臨降。

人力無法干預因果律

人無法撤消也無力干預因果律！比如地心引力使蘋果掉落，或果子熟了就須採摘，為的是種子要落地發芽，使物種綿延。若用在親子互動，父母想幫孩子攔下該負的責任或失敗，反而遲緩了孩子的成長或毀了他！這世代所謂的宅男、宅女、憂鬱症、躁鬱症者，既是「責任律」也是「因果律」之必然。

人類不要想做上帝，父母也最好切記：「成長沒有不痛的，長痛總不如短痛好！」用評估律來看，免得你自認為好意，最終卻招來兒女的怨怪！

有個很古老的故事：有位殺人犯臨死前，不但不接受母親聲淚俱下的探望，且怪她在他年少犯錯時，為何沒痛打他？反而袒護他，才會鑄成自己日後一錯再錯，終至不可回頭的滔天大罪！

因果律是「上帝不出聲卻仍管轄」我們的方法。聰明者能從他人失敗的教訓中得著智慧，毋需樣樣以身試法，偏偏有人不信邪，非要鞭子上身，才知皮開肉綻，非要如此令人「刻骨銘心」，從此才不再油舌鐵齒。

但上帝和父母都愛我們，難道忍心看孩子們受苦？但卻得學會忍住，這是「愛之深」必要的噤聲，在因果律之下，環境終必效力，孩子將得著最真切的體會。

有時你對沒有責任心的人提出善意的質問：「這事不是你該做的嗎？你答應會還錢，為何過期一個月了，到現在連一句抱歉都不曾說過？」說了如果仍舊無效，最後你只有放手！有天，他債台高築或乞討過日，嘗到苦果了，才會明白。箴言書9章8節早已提醒：「不要責備褻慢人，恐怕他恨你。」

疏忽常從微處開始

生活大小事最終都需交託給神或因果律來處理！反正「種什麼就收什麼！」真是這樣簡單，只是少有人能一次便牢記、學會。人輕看因果律，常從小事開始：喝酒、說謊或看A片、順手牽羊……總是說「下不為例」。

以下所列這些族群或症狀，都是因果律的「高危險群患者」：

1 癮君子：人為何成癮？我的父親說出他的心裡話：「菸，如同我的老朋友！」其實，煙癮者內在的真正需要是：「有人關心、懂他、愛他」，菸，豈真能排遣人的寂寞？卻為此付上折損健康的代價。各種上「癮」者（毒、酒、賭、色情、網路、3C）的原因都類似。

2 卡奴或月光族：長年入不敷出、亂刷卡，先享受後付款，終成了卡奴，或是不把錢花光不爽快的月光族，其親人若不能與之劃出「停損點」，終將被牽絆，以致拖累了全家。明知刷卡之禍害，為何銀行仍搶發信用卡？因為人有逃避心理，據研究，七成客戶會選擇延遲付款，在商言商，為了賺取高利率的循環利息，銀行只好昧著良心了！

3 洗腎族：台灣洗腎率世界第一，因為國人愛吃藥、亂吃藥，外加補藥，多方長年積累，焉能僥倖不洗腎？

4 過胖症：人本好逸惡勞，而且「由儉入奢易，由奢回儉難」，新世代的孩子從小都市化生活習慣了，貪吃、少動，使得過胖患者越來越多。

5 作保或背書：《聖經》明明地告誡「不可為人作保」，不管對象是親人或朋友，因為人很容易落在這種假愛心的陷阱裡，一心軟便半輩子生活在為他人背債的冤屈裡；所以有智慧的人寧可一時得罪人，免得困擾無盡！若無法拒絕，就不借只「送」，但只給一部分！其餘的，讓他去承受錯誤帶來的麻煩與苦楚，否則不用付任何痛苦的代價，他怎會改掉這惡習？

擴張你的界線 ｜練習題 9

因果律在生活裡天天發生，活得越久也經歷越多，請您回顧從前，將身邊發生過的「種什麼便收什麼」的例子，分享至少 3～5 個。接著，再回想自己的行為，是否有什麼慣性軌跡？以及造成的原因為何？

因果律影響層面多而廣

因果律是生活裡最普遍的界線，而且早已「住」在我們生活每一層面，任誰都無從逃躲。若你自認是個敬畏上帝的人，更需看重「因果律」，它的背後其實正是上帝「公義之愛」的彰顯。

九律的邏輯與應用次序

界線十律已近尾聲，在還未進入最後一律「能力律」之前，先複習前幾律的重點：

Step 1 先「由裡」

凡事「審視動機（律）如何？」很重要，因為起步錯，就步步錯；而人心最難勝過的，則是藏在內心深處的「嫉妒（律）」。**「嫉妒」可說是錯誤「動機」的最大宗！**

Step 2 再「到外」

「人我」間的平衡，先要求自己做到「責任（律）」，才有本錢去與他人應對，而對人、對環境最好的態度與方式則是「尊重（律）」。

Step 3 面對「環境」

當周遭各種情況發生時，既不逃避，還要「積極（律）」回應；人除非身心有恙，否則應「主動、有行動（律）」，才不負上帝賦予每個人的不同恩賜，可以彼此相互祝福！

Step 4 做「決定與行動」

這前六律都能掌握後，便可安然做整體的「評估（律）」，人雖無法完美地抉擇，但**即使做錯選擇，也比不選擇好**，想讓人生有意義，唯有「向著標竿直跑」，而非「扶著犁向後看」。

因此，你要勇敢「顯露（律）」你的看法、做法，好讓他人或環境，了解如何與你互動回應？生命自然變化而多趣。

這前八律，是我們可藉由「學習」而得著的因應能力，只要你盡力了，就可把這一切交給「因果（律）」！因為上帝掌管一切；即便你沒想到的，也都在祂手中！

事情至此，到盡頭了嗎？不！還有一個奇妙的轉折──能力律，可以幫助我們！它也是交給神，但與「因果（律）」不同的是，「能力律」就是你我最後還可藉由「禱告」和神溝通、仰望祂介入，直到一切塵埃落定為止！

下一章，也是最後一律：能力律，值得您更用心認識它。

第十律、人生不按你意百分百｜能力律

人的「能力」真是太有限了，人只有承認自己力有未逮時，才會峰迴路轉，這是生命奇妙之處！

狂妄必敗謙柔必存

生命的真相不是「我什麼都行！」古今中外或有人誇說：「人定勝天」，豈不狂妄了？那些傲慢自恃的人──亞歷山大大帝、拿破崙、希特勒、史達林、毛澤東……，到頭來不都一一躺在墳墓裡了。舉世唯一「從死裡復活」的，只耶穌一人，祂卻低調、隱藏、柔和而謙卑。

祂的死，是為了替代人類歷世歷代一切罪惡的咒詛，使天與地、神與人，不再隔離兩分。而祂走出墳墓，復活升天，則讓地上的人類，有了回到天上的盼望！神與人之間的愛，從此可以上下湧流；芸芸眾生不再只能低頭嘆息，而是凡跟隨祂的，生命從此有了莫大的盼望。

「人不用再以狂妄自欺，也不必沮喪宿命，因為上帝愛我們，我們雖很有限，但祂可以幫助我們！」這便是界線最後一律「能力律」存在的根源。它也讓我們看見，前九律都有其極限，若勉強想說「人還是有那麼點能力的」，那點能力只會是「願意承認自己『其實沒有能力』的能力」。

矛盾嗎？不，事實就是如此！敢承認這件事的意義，如同「願意承認自己有錯或有罪」一樣，都是生命真正翻轉的開始。這樣的人，也才配稱是「大有能力」的人。

否則，人生的真相一如羅馬書 7 章所說：「我所願意的，我並不作；我所恨惡的，我倒去作。……我真是苦啊！誰能救我脫離這取死的身體呢？」（15、24）人自以為的「有能力」，多半用在作惡與懊悔上，最終往往越發迷茫而混亂，甚至感到活得沒意義，不如死了算了！

誰能否認，人連下一刻會發生什麼事都「毋宰羊」（台語，不知道）？像不像小孩在關公面前耍大刀，焉能談什麼「要掌握命運、掌管這世界」呢？微小的我們，雖能體會人的無能、對未來的無知，但若只是沮喪，也絕對不是好事，而是須從這一點，真正學會謙卑地倚靠全能的造物主！

因為，上帝能力的彰顯並非要打垮祂所造的兒女，反倒是祂看重我們！詩篇 8 篇 4 至 5 節豈不是這樣說：「人算什麼，你竟顧念他？世人算什麼，你竟眷顧他？你叫他比天使（或神）微小一點，並賜他榮耀尊貴為冠冕。」

「能力律」帶出四個生命訣竅

人確實不算什麼，卻有著上帝的形象（「神就照著自己的形象造人」創世記 1：27），發現這真理之後，每個人便應寬慰地活在上帝的恩

典裡，並抓住「能力律」的四個要訣：

1️⃣ 願意承認自己沒有能力。
2️⃣ 懂得向人和向神求助。
3️⃣ 學會悔改，不是改變別人，而是改變自己。
4️⃣ 常寬恕人或向人道歉，使自己成為能影響人的人。

這是個屬神的生活方式！若有人身心受創需醫治，復原的路徑也與此相仿。比如酗酒者要戒斷很難，最好參加戒酒協會的戒酒者聚會，每個人都須先站出來向眾人說：**「我承認自己是個酒鬼，靠我自己，我無法脫離酒癮，希望大家陪伴我、一起幫助我。」**（四訣竅之 1️⃣、2️⃣）

承認自己錯誤或有限，容易嗎？多數人一輩子都不肯或不敢承認自己的問題，他的人生只好在迴圈裡打轉。而大部分的事情，「單靠自己」可獨立完成的情形很少，因此承認自己能力不足，絕非軟弱或羞恥。

承認不足而肯求助，事情就簡單多了，如同一杯白開水，只需加入一點點東西，如橘醬、紅酒、墨汁，白水的顏色或味道立即改變，別小看這點「外力」，足以引起連鎖反應；這個點一旦突破，便將出現不可逆料的成長！

當然，並非凡事都需改變或能改變；但，改變，絕對是成長必

經之路！改變的重點多半不是環境或他人，而是「自己」。若總想著要改妻兒、屬下或其他人，大概都會徒勞無功；唯一的捷徑就是改變自己！

同時，要承認自己毫無改變別人的能力（尊重律的概念）；人對人僅能「影響」，奇妙的是，當「自己」先改了，別人反倒會跟著調整；比如他惡待你，你仍對他好，他自覺虧欠、心虛或感動，都有可能促使他願意修正自己。

能力律的具體實踐

人一旦認知自身能力有限，很容易體悟「將優先次序排好」的智慧，而非像過去被「完美主義」捆綁一樣，多思多慮卻躊躇不前；人願意按著輕重次序盡力去做，便算是朝完美邁進了！

有句話說：「要做，永遠有做不完的事；喜歡忙嗎？永遠有讓你忙到死的事。」許多人雖然理智清楚，行動上卻常像陀螺停不下來，該如何避免成為工作狂呢？簡言之，就是每天只做最重要的幾件事，其餘的以時間為界，時間一到，必須停住或放下；人只能做好「重要的事」，沒辦法「全部都做」，欣然接受自己的有限，便是能力律具體的實踐。

懂得能力律悠遊生活

人常覺得自己沒能力，才是健康的認知！一如有位牧者說：「每天還能感到自己有罪需要認，這人是有福的！」能力律也會使

人從看重、喜歡「教導」，慢慢轉為多陪伴與「輔導」他人。輔導者大半的力氣只須用在「傾聽」，因為單單聽，就是愛了！人際專家黃維仁博士有名的口訣是：「傾聽就是愛，瞭解中有醫治！」

人既無法改變人，所以「陪伴、傾聽」的果效便如莊子說：「無用之用，是為大用」。什麼事算有用呢？豈不見許多母親叮唸兒女半輩子，有用嗎？反之，好友傷心時，你只坐陪一旁，最後他卻說：「很謝謝妳耐心陪伴我，我感覺好多了！」

陪伴、聆聽之外，除非那人自己想改變，否則又有誰能改變誰呢？

再者，時間及階段性，也是事情變化的重要因素，傳道書 3 章 1 至 6 節說：「凡事都有定期，天下萬務都有定時。生有時，死有時……尋找有時，失落有時；捨棄有時……」，人須按著時間做事，所以「及不及時」影響深遠。眼下越來越晚婚的青年男女，其實是不懂上帝對人生各階段的心意啊！

父母更需知曉，教育孩子是有「保鮮期」的！7 歲前，孩子的生命品格較易被塑造，雙親當及時陪伴，多了解、接納、欣賞及支持，而非一心想改造他們，若能如此，親子關係必惬意，兒女方得適性發展。因為孩子百分百不會按著你的意思長大，他們自有上帝給他們的道路要走。

懂得能力律時，也會逐漸看重「安靜」與「退修」。箴言 14
章 20 節說：「心中安靜，是肉體的生命。」以賽亞書 30 章 15
節也說：「你們得力在乎平靜安穩！」天上的父神更直指，人
的愚昧就是喜歡倚靠自己，或只相信看得見的力量，卻不懂得
找祂？

詩篇 147 章 10 節也說了：「祂不喜悅馬的力大，不喜愛人的
腿快。」以賽亞書先知的話（30 章 15、16 節）同樣提醒：「……
你們得救在乎歸回安息；……你們竟自不肯。……我們要騎飛
快的牲口。所以追趕你們的，也必飛快。」

據送貨的馬隊伕分享他們的經驗，一匹馬每跑四天，一定要休
息一天，否則會失蹄，甚至死亡，所以雇主即使想多一點錢，
要馬兒們日夜兼程地趕路送貨，他們也不敢答應，因為這一來，
若馬兒暴斃了，等於白忙一場！這例子的確發人深思。

總之，神是「大水庫」，人若真想得著「源源不絕的能力」，
其祕訣及關鍵，豈不是你家的水龍頭需先與水庫接通嗎？

能力律深層的意義

最後，我們一起來思考，人很想「與神相通，獲得能力」，為
的是什麼？

假若動機是不對的，那麼「得著能力、進入永生」，豈不是個

大麻煩？當初天使中最美麗的一位路西弗，何以墮落成今日的撒但魔鬼？不正是擁有能力後，卻驕傲自大，甚至謗瀆上帝。否則，殘酷暴虐的希特勒、烏干達的殺人魔阿敏⋯⋯，他們若永生不死，這世界早就哀嚎如在火湖、恐怖悲慘至極了啊！

所以，「能力」需先有正確的思想與健康的生命為前提，這是能力律深一層的要點。人如此受限於空間、形體及時間前後等，其實是好的，否則人太容易變得狂妄自大，甚至暴虐相殘。

人未有永生前，在地上的各種好壞經歷，都是一種預備與磨練，讓人真正學會謙卑，才合宜回到天上去，否則徒有能力，豈不成了惡魔手中的利劍槍炮？天堂裡若住著這樣的人，你還會渴望前去嗎？美國清教徒神學家尼布爾（Reinhold Niebuhr），在 1943 年寫過一段頗著名的禱告詞《寧靜禱文》（Serenity Prayer）。其正值世界二次大戰初期，這禱告詞被印成單張，大量發送至軍隊中，可以想像，當時那些在戰火前的人心是何等驚慌與惶恐？其內容是：

> 「神啊！求你給我靜謐的心，去接受我不能改變的；
> 　　給我勇氣，去改變我有能力改變的；
> 　　也給我智慧，去分辨兩者之不同。」

人生不也如此，面對未來，不管人或事，天天如同處在將出發前往各種戰場的心情裡；以此詩作為「能力律」的註腳，是再貼切不過了！

💡 **擴張你的界線 │練習題 10**

生活中關於「陪伴、傾聽、安靜、退修」等，你有相關經驗嗎？它們都是從莊子所說的「無用之用」產生出來的「大用」，也正是「能力律」的奧妙所在，請分享你的看法及心得。

1 界線
讓生命自在飛揚
Boundary Line :
Let Your Life Free

生活裡各樣人際問題紛至沓來，
總不知何時說「Yes」？何時該說「No」？
讓界線幫助你輕鬆應對、自在生活。

界線應用舉一
反三：工作篇

應用前，先以「問題歸屬」簡化

記得年少時既好奇又愛問問題，與人認識未久，竟不知分寸地要對方回答：「他們家到底有誰誰誰？」對方有些好笑又沒好氣地回我：「不好意思呢，你這人很不怕生？我一時無法跟你說我們家有多少人、有哪些人？總之，族繁不及備載！」

就是這個「族繁不及備載」的用語，讓我覺得新鮮有趣，至今仍記憶深刻。今天，我們談的是「界線」，為何提到「族繁不及備載」呢？族繁不及備載之意是「因為有太多太多了，根本說不完，那就簡單列出幾個代表，其餘略過，或你自己想像吧！」真實生活裡豈不同樣如此：到底有多少事情，須運用「界

線」的觀念去應對呢？簡單回答便是「族繁不及備載」吧！

可是，你若看過「家族樹狀圖」，家族人口雖多，但靠著這示意圖的枝狀開展分布，倒也一目了然，要找到某人與家族的關係定位，一點都不難。認識「界線十律」與「天然界線」的原則與概念，便有著相似的功效，因為人的行為和互動儘管變化甚大，但背後皆不脫離某些秩序與路徑，所以也就不擔心什麼「族繁不及備載」了！

有了以上的認知，本章已到此書尾聲，「如何應用界線」在生活的每一層面，便是最後的重點了。

誰都不喜歡生活裡問題太多，但也不可能沒問題，那麼面對問題最棒的態度是：解決它！一旦勇於定睛正視時，才發現原來沒有那麼可怕或艱難？所以，多數人其實是被自己錯誤的態度帶偏了人生！

界線十律怎麼運用？

態度先調對了，接著要問：界線十律怎麼運用？

許多人在處理界線問題時，常只偏重某一律本身，所以，學界線不要急、勿貪多，十律既可整體應用，但也像練武時需要先練熟「分解動作」，其原理是一樣的。

比如，孩子常常在「責任律」出問題，大人則是「尊重律」；先天條件弱或有病的人多在「行動律」上出現困難，浪子則唯有等候「因果律」在他身上發生；膽怯的人較不擅「積極律」，衝鋒型的人要明白「能力律」總需一段時間與經歷之後……。

而假若不是某一律有問題，便可依十律原則平均應用，十律整體的使用流程，在第 4 章開頭（P.96 – 97）與九律應用次序（P.176 – 177），已有兩段不同的方式陳述，請先熟記外，在即將進入實例運用的討論前，在此尚有「問題歸屬」的觀念也必須先了解。

廣義而言，「問題歸屬」也是一種界線觀念，可納在「責任律」裡，但它更適合單獨提出在界線使用之前，因為每逢人際出問題時，大方向上應先考慮「問題歸屬」，再縮小搜尋範圍，審視界線的狀況。

「問題歸屬」概念的可貴在於，不論多複雜的情況，無不被涵蓋在以下五個領域中：

1 我的問題
2 你的問題
3 他的問題（身邊少數、第三者）
4 群體的問題（社會大多數）
5 環境、大自然的問題或沒有問題

舉例說明，幾年前每到選舉，因為藍綠對決太強烈，不僅政壇

鬧哄哄，社會氣氛也很沸騰，未料還波及家庭，媒體常報導，不少夫妻或家族親友，為了各自所支持的政黨不一，竟吵到不說話，甚至反目成仇？這便是界線觀念模糊錯亂所致。

用「問題歸屬」的界線概念來說，這叫「群體的問題」！關心或參與政治很好，但政治終究不是一兩個人（或少數幾個家庭）可以決定的事，個人再怎麼激動、堅持，也只能激起邊緣的微波罷了。

相較家人感情與政治立場，究竟哪個重要呢？只要稍微理智的人都會說：家人！問題不就簡單了，這不屬於「**1**我」或「**2**你（配偶、子女或家人）」的問題，連這都搞不清楚，未免活得太虛妄了！

所以，「問題歸屬」放在前端，事情來了應先問：**「這是誰的問題？」**我將這反應稱為「大哉問！」因為這個習慣真的太寶貴、太重要了！

也就是，第一問：「這是我的問題嗎？」若不是，再往下問：「是你（事情的對頭）的問題嗎？」若也不是，就繼續問「是他（事情的外圍：路人甲、造謠者……）的問題嗎？」最後，很可能是「群體（公司制度、政府法律未規範……）的問題」，甚至是「環境、大自然的問題或沒有問題」。

按照經驗，**多數界線問題集中在前三個「問題歸屬」，較少第**

四與五項；或說大家比較在乎、直接受影響、須解決、能解決的，多在前三項。而只要思考一遍這「五大問題」，相信問題的癥結大概就釐清一半以上了，再使用「界線十律」或「天然界線」，也就輕省許多。

比如夫妻失和，常是為了各自的好友吵架，只因夫婦兩人對這事的角度或觀點不同而引發，這是「他的問題」（身邊少數、第三者）。除了神以外，夫妻關係超過一切其他人際，若因別人的事而傷害了婚姻，值得嗎？很瞎吧！

什麼是「我的問題」？

「我的問題」多半指自己「犯錯或犯罪」，犯錯的情況，可能是角色偏差、誤會或疏忽、猜測或聽信耳語流言等。比如，父親理當公正，卻明顯偏心，或因婆婆不信任媳婦造成的諸多狀況，偶而精神恍惚產生的不確定判斷…，犯罪則像順手牽羊、說謊成習、公器私用等。

若是「我的問題」，就不是與人的界線如何處理了！自己不願認罪或承認錯誤，問題只會層出不窮，如果還往外推，便越發嚴重了。界線是人際，可是許多人因著隱藏或模糊、閃避自己的罪，其人際焉能改善？乃至學了諸多與人互動的技巧，恐怕仍舊被捆鎖在「自欺」的階段，無從前進。

反過來，若說「我」是這麼容易「有問題」，請先將「聖經真理」以及「四個象限」（P.163）的邏輯，常用在自己身上，應該就可以避掉很多的麻煩了！

「聖經真理」的原則使用是指：做任何事之前，可以先自問：「對我、對人有益處嗎？」、「是否因這件事而受轄制？」（哥林多前書 6：12）、「會不會傷害到他人，讓別人跌倒？」（8：13），最後，「是否榮耀神？」（10：31）。

「四個象限」的原則使用是指：這問題，會不會是我不敢說出的秘密（隱私）？或者是我一直一來的性格的「盲點」呢？甚至可能是我早已「遺忘」的生命難處？

願意先從這幾個方面篩選檢測，就是很棒的內在界線自省的功夫啊！

什麼是「你的問題」？

「你的問題」的思考內容，大抵跟「我的問題」重疊，差別在：「我的問題」是當事人可以透過「自我檢視」，只要不昧著良心，乃至求問聖靈，應當就清楚、好解決了。可是「你的問題」卻得看對方「願不願先低頭找自己的問題？」如果他沒這些概念，還硬著心，你罵他、你跳腳、搥胸，也是無奈！

「我」，這時唯一能做的是：確認問題不在「我」身上，是對方！因此，不要自責或急著生氣，更不要想讓問題「在我期待的時間內」快速消失。對於「你的問題」，自己能不被干擾而繼續過日子，便是最佳的情況了。

什麼是「他的問題」？

就是「我、你」以外的身邊少數或第三者。較常出現的「他」有誰呢？夫婦關係中的公婆或岳父母、父母都在乎的兒女、小閨密群當中的某一位、牧師身邊不同組合的同工、老闆或主管的親信等等，以界線十律而言，這部分是最容易發生「嫉妒律」問題的關係；人際親疏是流動的，自然是狀況頻仍。

什麼是「群體的問題」以及
「環境、大自然的問題或沒有問題」？

前者大體上是制度、政治、經濟、外交、戰爭、族群等較大範圍，整個世界、國家或社會「多數人所形成或彼此牽動」的事。後者則是「人類無力駕馭」的氣候、土地、空間等的各種變化，總之，這兩大範圍，雖影響個人，個人的問題卻較少可以直接以這兩者為主要被牽動的理由！

補充了這五大「問題的歸屬」，就可開始按界線十律的「次序」，思考**「這一件事，我需要用到哪幾律」**？因為每件事需用的律（或說「你有問題的律」），多寡不一，甚至很多時候，只須搞懂或解決其中一個律，就清楚了！所以，每個律都需反覆學習至心領神會。只要熟稔每個律的內涵，你必能確定界線在哪裡？便可先畫下你的界線，至於對方或環境等「非操之你手」的部分，就只有等待、溝通或再找尋其他任何著力點。

界線應用的原理與流程，不算複雜，熟悉後越用會越簡單，一旦能舉一反三，便能成為自由自在的人了。學會界線，雖不能解決所有問題，但至少有以下四大收穫，使你的人生暢快！

1問題釐清了：心情自然輕鬆、舒服。

2讓自己的問題減到最少（問題歸屬第一項）：你只要願意調整，便可活在可以改變的盼望與喜悅中。

3 接受問題源自他人或外界（問題歸屬第二至五項）：這是你「多半」無法介入的部分，那就放手及等候改變的那一天。

4 接受有些事是「完全無法」改變的：人生本來就存在這一部分。但是，「在人不能，在神凡事都能」，你仍可禱告，只是結果如何不在你手上。

界線應用的範圍很廣，也很深刻，特別以家庭和工作兩大範疇做示範。事實上，在前面幾章教導「處處皆界線（第1章）、天然界線（第2章）及界線十律（第4章）」的同時，藉著一些案例，已先分享或應用了！本章則是刻意挑選生活中「界線問題最頻繁的兩個領域」來討論，期待您能充分吸收消化，舉一反多，很快能成為一位「生活界線的專家」！

為五斗米折腰的底線？

現代人太愛工作了！在台灣尤其嚴重，早早開店或上班，晚晚才關門或歇息，夜半仍有人在賺錢；從前男人看重事業，如今，連女人也不肯示弱，都想闖出自己的一片天！所以形容現今世界，是一個人類從未有過「被工作充滿」的世代之說法，也相去不遠吧！

工作，當然不是壞事，嚴格來講，工作既重要，更有價值，還是上帝在創世之初就差派給亞當（男人）的，所以，為何你總看到男人那麼愛做事？個個想當老闆、獨當一面，全都源於神賦

予他的特質與使命。

倒是女人，其實本來並不在乎工作，眼下工作場域卻逐漸陰盛陽衰，好像人類全都為了打拼自己的事業而活，令人不勝唏噓！

看這當代的現象，讀外顯的趨勢，當然易迷惘，只有回到上帝起初的心意來思想，方能究竟！牛能犁田，蜂能採蜜，馬能拖車……，部分的動物的確跟人一樣有工作的能力，但牠們基本上只執行著單一任務，被創造時便已人抵設定好了，並不似人類能不斷學習，可以勝任多樣變化的工作。

人類為什麼這麼聰慧？答案很簡單，因為，我們是按著上帝的形象造的！（參閱創世記 1：27）也就是：我們有神的 DNA，而上帝無所不能，身為祂的兒女，雖多有限制，不過，講俏皮點，也算夠厲害的了！

其中最特別的就是具備「管理」的能力，創世記 1 章 28 節說：「神就賜福給他們，又對他們說：要生養眾多，遍滿地面，『治理』這地，也要『管理』海裡的魚、空中的鳥，和地上各樣行動的活物。」

因此，人能工作不是最重要的，能「管理」，才是與萬物的區別，將這點放大來說就是：人不似動物，各在其有限而一定的功能中活著，人代替上帝管理這世界，所以，人要做「工作的

主」，而非讓工作成了人的主；不論你生活在哪個時空，只要發現工作使你身不由己、痛苦等等，就需警醒了。

人在伊甸園裡工作，本是愉快的，是犯罪後才扭曲變質！「地必為你的緣故受咒詛，你必終身勞苦，才能從地裡得吃的。」（創世記3：17）人的問題是因面對自己的不順服，卻「推卸責任」（亞當推給夏娃、夏娃推給蛇）開始（創世記3：11－13），使得人與上帝，從原先「同工」與「愛」的關係，變為像奴僕與主人「律法」的關係。

工作本是人主動、想要的「want to」，若成了被動、被責任所逼的「should」，當然不有趣也不易有創意了，甚至在這種情況下工作，因不甘心樂意，惹動情緒而犯錯，成為重擔、憂慮的情形，也就不足為奇了。

恢復正確的工作界線觀

因此，關於「工作」，應先從三方面恢復「正確的界線觀」：

❶工作無貴賤：神是一切工作的源頭，上帝創造、管理，也醫治、修復，所以工作是很屬靈的活動——美好的工作可反映神的性情與心意；另外，看待工作的眼光也要從神來：清潔工人不比科學家差，董事長和警衛一樣重要；越底層的工作越如同螺絲釘一般，若輕忽，一樣能使整個機器受損、停擺。

❷為神的榮耀而做：今天是恩典時代，人不再是奴僕，工作要回到主動、榮耀神，這樣才能使工作蒙受祝福，而非咒詛！如同歌羅西書 3 章 23 節說：「無論做什麼，你們都要專心一意，像是為主工作，不是為人工作。」

❸工作是神的呼召：過去很長一段時間，人們認為傳道的職分才「神聖」，其餘工作皆「世俗」，這是錯誤的。因為以弗所書 4 章 11 至 12 節說：「祂所賜的，有使徒，有先知，有傳福音的，有牧師和教師，為要成全聖徒，各盡其職，建立基督的身體。」所以每個基督徒都應在職場扮演「週間的君王」的角色。

釐清工作三個層面

有了從神而來健康的工作界線觀，那麼，再釐清工作裡最基本的三個層面，才可能處理得當，一是：「人與己」的「情緒」問題，二是「人與人」的種種「互動」分寸，三是「人與事」的「成效」如何？

一個人會想換工作或覺得疲乏、不想幹了等，至少是以上三者之一出了問題。尤其我們活在一個快速變化的世代，舊有模式被拆毀，新的關係未確立，然而，無論外在怎樣轉換，若想解決這些難處，需先弄清楚自己心裡的底線？同時可應用界線十律 一一去審視，應該就不難釐清了。

這世代所謂的快速變化，約略是以下的景況：工商社會以來，有所謂的上班時間及辦公室，但在呼叫器問世之後未久，行動電話也誕生，網路通訊四通八達起來，PDA（掌上型電腦）、雲端等都出現了。

便利帶來的副作用，是人的所在位置，隨時隨地被標示！朝九晚五的常態工時，本來區隔著工作、家庭及休閒，而今卻任由3C科技侵入你的臥房，甚至假期所在的山巔海隅；工作也不再以固定流程來量化評估了。

過往，效率指的是「限定的時間內完成某些使命」，但自從在家工作（或回家上網作業）盛行，許多邊界都被打破了。

儘管環境這般動盪，人，恆是一切界線的主導者！若非如此，單去處理事情的末端現象或紛擾，將無濟於事，且可能淪為科技下另一種工作的奴隸。所以，你我當謹記：工作永遠只是生活的一部分！工作意義的賦予，源於上帝，再來是你我。

界線在工作中的運用

工作佔去現代人諸多的心力，一不小心便會被它吞噬，因此以界線十律的原則，示範如何引導大家使用在工作上。

❶動機律

若要使工作不失去活力（主動），須使用「動機律」拉回原點，

工作久了，難免混雜了許多事情，如同上帝常提醒基督徒要「回到起初的愛」，就是恢復你選擇這工作的最早抱負或熱情。

動機，無非正、負兩面（比如真誠與詭詐）。負面較多是懼怕、不滿與猜測，導致遷就、委屈及抑鬱或叛逆；終將使你離開這個工作場域。唯有正向動機方能帶來成就。因此，儘管沒有一件工作不辛苦；卻不要老被「感覺」抓住，如此健康的「思想」才能當前導；許多事需等候一段時間才能改變，所以需要學會活在有指望、意義和夢想裡，而非隨波逐流，終至茫然疲憊。

正確做法 人應當是工作的主人。有句話說：「做自己喜歡的事，每天上班像玩耍。」當然這是最佳狀態；若出現「被迫非做不可」時，可能演變成拖延或怠工（差別在集體或個別）。但有一原則需持守：「無論做什麼，沒人能勉強你，而需出於你的正確動機。」

也就是，做事的動機要正確，否則不但無法完事，也虛耗你的人生。

動機律也可使工作有系統、有定向，使你既能綜觀大局（我為何幹這一行）？也能處理許多小節（為何此時我花時間與此客戶一起喝咖啡）；動機律促使你對自己的工作態度誠實，免於活在愧疚與擔慮的錯誤循環裡。

❷嫉妒律

嫉妒的動機最是卑劣，不少心理學家都如此警告人們。

雖說人都會嫉妒，但最好在它生根於心之前察覺；人類在上帝面前犯的第一個錯誤便是嫉妒：「不滿足神給予的一切豐富，甚至想與祂比高！」工作中因著競爭，最容易讓嫉妒萌芽，如果你不清楚為何而工作？更易掉入「想證明自己的價值、不自覺與人較量，或總是無法不滿、想逃開」等三大窠臼裡。

嫉妒的錯誤在於：它把自己沒有的，均界定為好的；或是，只要我能得到它，我就滿足了！甚至衍生另三種情況：

- 別人有，就想擁有，比如高薪。
- 自己有，不允許別人也擁有，比如特權。
- 自己沒有，所以別人也不可以有，比如特殊任務使你無法休假。

但真相是：凡事得著了，原本美好的感覺就消失了，並不會因而滿足。職位、權勢、錢財、名聲，都不能真使人平安；何況人常常不了解自己真正要的是什麼？

正確做法 例如，若有人只適合當副總或參謀（副手），卻因「名聲」誘引，而想做總裁或總經理（主管），這便是嫉妒作祟！分清自己的「需要」與「想要」，明白你的「能力」及真正的「目標」，才不致掉入嫉妒的糾葛裡。

❸責任律

你可以「幫助」人，但不能「替代」他做他該做的事。

工作職場上須被幫助者，部分是他能力有問題，更多卻是此人「態度或習慣」亟待修正；當助力出現時，這種人容易「得寸進尺」；你若持續忍受或幫他說話，不僅不會使問題消失，更會使麻煩延後，最後，可能像火山爆發不可收拾。

正確做法 若因能力不足，你可以多鼓勵同事，然後給予支持、提供資源、建議、分析利弊及陪伴，「偶而」幫忙可以，但要謹慎，不輕易跨過上述這些微妙的界線：「他的事就應讓他自己做！」若你是他的主管，那麼，上司要做的是「對屬下負責」與引導，而非「替他們做他們的事」和憂心。

另外，一週上班 20 小時，上頭卻交付你 30 小時的工作，若懂得界線，你便須在適當時機，勇敢地向主管反應：「請問您希望我先做完哪些比較要緊的事？」因為公司接了太多的業務，又不肯雇用較多的員工，你起先可以盡力去做，撐住一陣子，但不能永遠逆來順受，尤其若是它已奪去你的「家庭時間、休息或健康」，這已不是願不願、能力如何的問題了？而是界線。

只是當提出詢問時，必須平心靜氣、沒有不悅之色；只反應事實，不發洩情緒，如此才能使彼此的「責任律」都恰如其分。

4 尊重律

有人自小習慣或苦於不敢向人說「不」，進入社會工作後，自然更無法拒絕別人；但另有一種人則是很敢向人說不，卻不喜歡聽到他人對他說不，兩者都是問題，一個不尊重自己，一個不尊重他人。

尊重是很需要「學習」的律，因為尊重律是聽到他人跟你說「不」時，不會不舒服，才表示你真的能尊重；如同上帝有莫大的權柄，卻「默然」對待與等候我們自己說「我願意」，試想，若祂隨時隨地顯現來糾正或指教我們，你喜歡這樣嗎？你將怎麼生活呢？可是有很多同事或主管，不懂得尊重人，往往強勢或威逼人。

正確做法 若你想得到他人的尊重，首先需凡事尊重他人，無關乎彼此間的職位高低；如此，你反而能在職位上發揮最大的影響力，並愉快地在與人合作（相對於單打獨鬥）的環境中生活。

而面對他人說不，第一個反應必須是「說不，不等同拒絕」，你需克服的是，人有各種差異，唯有透過溝通，方能成就最好的互動，而非用「猜測、生悶氣、貼人標籤、懷怨、扯人後腿」等錯誤的方式。

尊重，是願意聆聽他人的「不同」，並能進行一場良好的對談。當然，溝通後，有時領導者仍須做出別人不同意的事或決策，這是主管必要的責任，但這已屬於管理的範疇。

反之，尊重也意味著容許他人做愚蠢的選擇，屢給機會或屢勸不聽，只好將他交給「因果律」，對方才會真正知道你的意思與智慧。從錯誤中學習，在很多時候是訓練人或驗證事的必要過程，居上或下位都一樣。

5 積極律

凡事都有兩種選擇：你要主動出擊或被動反應？學會積極律，不僅能常保反應正確，還能幫助我們預期未來需要什麼？並在需要之前預做準備，以及看見同事在工作績效上或好或壞的原因，例如：心態、個性或能力的差異？

一般而言，成熟的工作者是「行動（主動出擊）派」，但也必須是個「反應（被動但積極應對）派」。

所以，有個「二八理論」說，一個團隊裡常是 20％的人擔負了 80％的工作量！其實，這論述不是要那 80％的人就這樣功能不彰地工作，而是鼓勵大家更朝積極的工作態度：「人人都應表現得像老闆，而不是只當員工」，所以，願意讓員工分紅、入股的公司，將更具發展的潛力。

正確做法 二八理論是現象的統計，卻是消極的，「積極律」可以翻轉它。每個人遇到衝突時，都在反應其積極律的狀況，例如：「他對我有意見，等他來找我啊！」這到底是退卻或灑脫？真相只有你自己知道。

比較成熟的溝通是：**「我們之間似乎有些看法不同，等你方便時來聊一聊？」** 你既已丟球給他，之後接不接是他的事了！

此律的重點是，你已學會採取行動解決問題。職場特別需要這種態度，因為你固定領取報償，必要解決問題，工作場上的運作一環接一環，也不容你做個人的選擇，這與你的修養如何是兩回事。

何況，人生一直被動、蹉跎是很可怕的；不但會不斷錯過機會，老闆也會解雇你，你需要相信上帝已給了你各種能力去面對環境及難題。

6 行動律

積極律是面對問題該有正確的反應，行動律則是領悟到：若不做什麼，就不會發生什麼事，當然現狀也無法改變！

耶穌說：「我父做事到如今，我也做事」，便是此律的概念，因為上帝給每個人都有不同的能力，你願去做就會有成果。工作，自然是展現行動力最多的地方！所謂的工作，不只是上班，還包括創造力、完成夢想與遵行上帝的旨意。

行動律比較容易被忽略，因為中國人說：「完糧納稅，天子誰是與我何干？」幾千年來的帝王之治，使得多數人的處世哲學頗為消極，基督徒卻有著從上帝而來的異象，人生觀連於永恆，對工作的態度當然充滿了期盼。

正確做法 作為聞名今世的學府，哈佛大學培養了眾多各行各業的名人，33位諾貝爾獎得主、7位美國總統以及無數的精英，其關鍵就藏在這20條訓言裡（參閱行動律）！將其部分原則用在工作便是：

● 一邊工作也要一邊做夢及學習，你終將達成夢想。

● 勿將今日的工作拖到明日。

● 從基層做起的苦痛是暫時的，但在原職位不動的痛苦是終生的。

● 職能成長這件事，不是缺乏時間，而是缺乏努力，當享受無法迴避付出代價的這種痛苦。

● 今天工作不努力，明天只好去跑路。

所以，行動律提醒我們：你不一定要創業，但至少你不會討厭工作；你不一定要埋頭苦幹，但手上的工作你必是盡力的；你未必要當上主管統攝一切，可是你會替老闆思前想後，公司的事與你是相關的；你不用賺很多錢，然而，你總懷著感恩的心，過著知足的生活。

7 評估律
「兩害相權取其輕」是評估的原則，人的能力有限，而職場的人、事與環境瞬息多變，不可能面面俱到，損傷、疏忽或遺漏

在所難免，切勿掉入完美主義的高標準裡！

當然，有的人在工作時太過看重事情，這種人叫「事工導向」，容易忽略身邊人的感受，以致士氣低落；另一種人則如蝴蝶用心穿梭「人際」，任務達成率偏低，兩者都應找到平衡點。

正確做法 工作場域最需要管理規則，因沒有規則注定失敗或無法成長；但有規則不執行，或規矩太硬不能變通，其傷害也不遑多讓。

個人則要公私分明，裡外有別。至於身居領導職者，尤須學會當機立斷，以免發生讓特例少數搞垮團體紀律的事，終致整個組織癱瘓，若能使「肇事者」及時面對其問題，即可避免損傷過大，甚至拖垮全體。

8 顯露律

罪性使人藏身黑暗處，生命卻渴望活在光中，在光與暗之間，存在一段模糊與不確定，稱為曖昧，讓人以為這樣可以進退有據，然而《聖經》有云：「隱藏的事沒有不顯露的。」，唯有坦率、公開、堅定和善，才能使每種關係都變好，曖昧其實更多是帶來猶豫與破壞！

職場的「事務」，因有具體的量與進度，最需要挑明了說；「人際」則常躲在曖昧裡，尤其混雜著男女關係、上下的權謀應用、眼下與未來的不同等等，所以不易一刀兩切。

但管理學上說：「清楚知道整體期望的團隊，才可達到最佳的成果。」所以，詭詐或能一時得逞，欺瞞也許能暫時獲益，若要真實突破與不斷擴增，隱晦不明終究無法走得太遠，建立敞開清朗的文化，勇於顯露彼此，才是每個公司或企業經營的長久之計！

因此，什麼叫做好主管？就是能使每個部屬清楚知道他們職責的「範圍」到哪裡？而彼此間的工作職掌，應盡量減少存在含混不清的區塊！人際一旦不能或不敢真實，制度便不易安穩運行，人與人之間將出現各種類似「三角關係」的傳話文化，暗示、關說或檯面下的動作自然層出不窮。

正確做法 我們都不喜歡事情不順利，但更不喜歡事情不順利時，大家都避而不談，或不能談開？遍地地雷，工作如何順暢？開會，因此是必要之惡。

人若願意顯明界線，初時會有一定的困難，卻可使問題逐漸減小，最終成效得以提到最高。人有差異，衝突無可避免，衝突因此也叫「積極的溝通」，而將各種分歧與可能先顯露，最後才整理歸納，又叫做「腦力激盪、集思廣義」，是每個想要成功、壯大的企業都需要的文化。

9 因果律

職場上的公平與否很引人注意，因果律帶來合理的競爭，合理的競爭則使個人的工作或企業進步。

群體中若有人沒績效、不負責，卻由其他人付代價、吞委屈，這種因著人為與私心而違反因果律的事，雖能暫時存在，若不處理，如果不是企業最終付上某一部分虧損的代價，也將讓整體慢慢沒落與失敗。

正確做法 企業主或管理層不要不信因果律的存在。所以，有權可以執行政策的人，要按規矩及議定的流程進行，並要虛心留意任何下屬發出的抱怨，不僅不能掩蓋，更要儘可能回應，如此，整個團隊的信心被托住，執行者也得到尊重與信任，團隊的力量自然能充分展現；個人面對自己的職分，亦千萬勿存僥倖之心，種什麼終必收什麼。

⑩能力律

從小到大漫長的學習是為了什麼？正是有一天，你進入職場，既能在事務上發揮所長，更可以在多變的人際間，有能力管理好自己，使關係成為完成理想的助力。

但對於身邊的共事者，即便你在他之上，若想讓兩人互為幫助，不但彼此不可有操縱對方的作為，最好也能及早體認到「人是沒法改變別人的」，而人對人有的頂多是「部分影響力」！

工作，能展現每個人的獨特功用；因此，優秀的領導者當效仿上帝，帶給人期望、方向，並樂於給人資源，最後放手讓其發揮，而非嘮叨或箝制，令人無所適從，或成為一個只會接受一

個個指令做事的機械人。

正確 做法 **工作中的能力律是指清楚明白「自己的有限」，同時不允許別人掌控自己**，因為任何兩人皆是「合作」的關係，職務的高低與責任的不同，乃是為了分工，而非永久、絕對的關係。

比如在某次會議中，遭受主管指責或修理，結束後，雖不免憤怒，卻能弄清楚問題何在或責任歸屬？彼此長遠的關係應不受影響，這才是正確的反應。

但若有人不斷擴大受傷的感覺，覺得一切都是自己的錯，陷入茫然或想去喝酒澆愁，這不僅無助於事、於己、於同事，也失去了上帝賦予人工作能力的本意了。

具有能力律的人，該休假就休假，每天有充足的睡眠，作息規律、遇到困難會承認自己需要學習及改變，因此，工作上也會勇於求助、禱告、尋找問題的根源，而非一遇難題就自怨自艾、一直想換工作、對未來沒有概念等等。

10

界線應用舉一
反三：家庭篇

家庭：只要親密，不要被困住！

家庭，是最容易發生界線問題的地方，因為：彼此太熟悉、親密，以及近距離互動，太習慣，不易逃開、很難拒絕、不敢表達……以致成了**界線凌亂與混淆的大本營**！

家庭，大概可分成夫妻（你與配偶）、親子（你與上一代、你與下一代）、手足（你與兄弟姊妹）、親戚四部分，每個人與這四種關係，越排列在前頭的關係，需要給予的時間（陪伴與相處）就越多，這也是家庭裡正確的「時間界線觀」。

短兵相接的「夫妻」

先說第一順位的夫妻吧！

因為在一起的歲月最久（30～50年），朝夕互動過程中，因原本上帝設計婚姻的心意是「兩人合為一體」，這目標多美好。誰不渴望得著如此親密的關係？所以期待很高，孰料夫妻常缺乏或疏忽了界線的概念，結果反而成了人生最痛苦、最糟糕的關係！用打球來比喻，這就叫「短兵相接」，自然傷痕累累。

可是，這兩位球員若都健康強壯，彼此基本動作都扎實，這樣「近距離接觸」，雖有衝撞下的小傷小痛，卻不致釀禍且恢復迅速。

麻煩的是，真實生活裡的新婚夫妻，經常兩造還有許多各自的問題，婚前又只忙著戀愛，享受花前月下的甜蜜，根本鮮少為婚姻學習或預備，不成熟的兩人，焉能期待加在一起就神奇地「負負得正」呢？通常是狀況加倍，不滿、爭吵、矛盾、退怯、失望、傷痛……逐一浮現！

還有一種是，不曉得或不願跟「過去」劃明「界線」！這現象在這世代尤其嚴重，因為個人主義崇尚：要保有自我、實現自己的理想。

兩人初時相處雖還不錯，但一進入婚姻，雙方理當「放棄」許多「個人、自我」的堅持，至少磨合期需暫時調整，或將比重大幅降低，因為要「從兩人變為一人」（婚姻是為了兩人要成為一體），性情、習慣、觀念、作息……通通需做伸縮挪移，許多夫妻卻不肯，還覺得配偶冒犯了他的自由，奪去了他的夢想。

心理學家比喻說，人心深處，都躲著一個美好感覺的小孩；榮格（C.G. Jung）則以「永恆少男」與「永恆少女」來形容。前者就是永遠很瀟灑；後者則不食人間煙火，兩者都活在純粹完美的虛幻中，可是，婚後的柴米油鹽帶來的是漸漸手粗腳繭，這是為了「告別幼稚」，有人卻不懂，也不願。

這種「裡面」的界線沒改變，認知未能調整，常是日後發生婚外情的一大誘因，不論丈夫或妻子，都須離開「永恆少男、少女」的不真實，婚姻才算真的開始！

親子是「不對等」關係的第一名

「父母與你」或「你與兒女」呢？ 則是世上「不對等」關係的第一名，講白了，便是：父母為我們委屈的多，我們為兒女也是如此，但我們對父母卻冒犯多，兒女也同樣待我們！這兩者都在不對稱、不談公平的情況下，學習「界線退讓」的生命，因為愛，因著一方不懂事，而容許界線「暫時」模糊與挪後。

但在「父母與你」這一層，卻存在一個特別容易有麻煩的「婆媳」問題，婆婆也算是母親，媳婦也該是女兒，可惜，居於這兩個敏感角色中間的「兒子＆丈夫」，若做不得「潤滑劑」，便做了「催化劑」，肇事者未必是這頭呆頭鵝，可是，起因很難不是從他而來，成為「兩個女人的暗中較勁」！

這隻呆頭鵝很需要在婚前就有人給他好的教導，教他如何幫助

他長大後「去愛他最愛的女人」（妻子），得以安然進入「原本最愛他的女人」（母親）的「國界」，取得安身立命之所，若不然，恐怕會是一場半生不易止息的戰爭，這也是「家庭中最激烈的界線之爭」！

除非這位家中暗裡的掌權者（母親），讀懂上帝的話語，願意主動遵行祂「離開」的吩咐！創世記 2 章 24 節的原文雖說的是「人要離開父母」，但廣義而言，豈不也是提醒「父母」要「離開」兒女嗎？並且這離開含有強烈的「不回頭」之意！

所以這「離開」，最好由長輩開端，而非孩子；婆婆若能自覺這件事到了最理想的「時間」了，把心轉回到老公身上，一起過老夫老妻的退休生活，自在地去遊山玩水；而非以愛為名，東盯西瞧人家小倆口的行住坐臥，上帝說：「離開吧！跟你無多大干係了。」此界線一劃清，自然皆大歡喜！

反之，若這件事由兒子（甚至是媳婦）執行，說：「爸爸媽媽，我結婚了，要離開你們（或搬出去）了！」實在不妥善，還恐怕被罵：「不孝、不懂事、過河拆橋」之類的罪名而裹足不前。

其實，沒有多少兒女是寡情的，只是一個新的家庭開始了，確實需要這樣的新空間，何況「離開」是上帝的智慧吩咐，必有益於彼此。不要小看「離開」這道界線，當它畫立時，將帶出極豐富的意涵。

離開不是：
不問、不養、不孝、不順！

離開是：
1 觀念上分立
2 情感上獨立
3 經濟上自立
4 居所上新立

但若「離不開」則代表：
1 兒女變成宅男、宅女、啃老族
2 父母養育未成
3 家族繁衍停滯
4 兩老繼續勞苦
5 人生盼望到此

若能「離開」，就表示：
1 兒女長大了
2 父母養育有成
3 開啟新的一代
4 父母可以卸下重擔
5 家族生生不息
6 生命未來無限可能

這世代，大家庭瓦解，年輕人一結婚便搬出去新立門戶，或因工作在外地，定居他鄉的情況漸多，父母當然也越來越「看開」了。兩代的問題，已經不再是住在一起太近而生的摩擦，反倒

是分得太開而起的生疏，若還是有狀況的話，多半是「心理」的距離加上一些事件，累積出的種種猜測或誤會了。

相對於你與父母的離開，你與兒女這一層，則是「放手」及「如何放手」的考試！「放手」為什麼如此重要？因這關乎生命的「主權」與「管理」的時間性。

父母自小保護養育孩子，極易誤以為孩子是他們的！這是把主權與暫時的管理權混淆了，孩子也會因被呵護「習慣」了，父母則更容易照顧「上癮」，加上多年「恩情」夾雜其中；等到有一天，孩子長大了想爭取獨立（此乃生命必然的發展）時，才發現處處受限，親子間因而掀起不小的波瀾。

因此，放手絕非一次性的，這會使雙方都很受傷；放手須漸漸的，其實是跟生命的發展很自然地配搭！

生命成長的三階段

生命有其成長期，按著幼兒（1～6歲）、孩童（7～12歲）、青少（13～18歲）、年輕人（19～30歲）四期，父母應把握住孩子不同階段的需要，給予適切的栽種，這樣，若以「放手」的角度來看，幼兒期放手極少，孩童放了一些，青少年應過了50%，到了18歲之後、結婚前，頂多只剩下10%。

這件事可結合親子教養三階段的概念來思考。當了父母，許多人會自我歸類說：我是權威父母、我是民主派，另一種叫放任

型，這概念不是錯，而是「不夠」，因為父母是要訓練、幫助孩子的，所以，要看他們需要什麼給什麼？因此，1～7歲，父母要扮演權威型，8～18歲民主兼放任型，之後大概就是放任型囉！

幼小時，孩子一切未定型，又有動物性，打了有嚇止功效，會牢記，管教有效，父母若認真，便能在他身上建立各種正確的品格與習慣，越多，日後越蒙福，這是權威期的好處。但此階段，父母若不陪伴或教錯了，兒女則會有被忽略或受傷的問題，一刃雙面，端看雙親知不知道這幾年的關鍵性。

8～18歲約國小到高中，孩子上學了，漸能思考，很會表達了，不再能強壓他，此時，要求他們什麼，必須你自己也做得到的，因為青少年開始想反抗權威，需在道理上能叫他們服氣的才會遵從。因而，你必要用民主的方式與之溝通，榜樣最要緊；不得已還是可以強制，只是他會陽奉陰違，效用已大不如前了！

18歲後，他雖未結婚，但生理、法定都算成熟了，你即使不想放手也不能不放了！這時父母最好設定自己為孩子的「顧問」，說白了就是：孩子若還願意常來找你討論、商量，你要偷笑了，算是不錯的父母！你若想對兒女仍保有影響力，就得放下身段，保持友善，跟他們做朋友，這樣的關係也才能持續到將來。

這三個年齡或階段的界線，是親子教養重要的認知：從全然掌管孩子到有一天「必要離開」而「全然放手」，父母不可不瞭

解。只是,父母如何才能不過度惆悵與失落?除非您全然相信孩子是上帝的,離開您並非流浪在茫茫的未來,而是回到天父手裡,祂全然「接手」,這樣,父母還有何不「放心」的嗎?

「手足」是永遠不會長得一樣的手指

至於手足間,因為年齡相仿,差不多的心智,爭吵及計較自然少不了,只是,這種從小一塊兒長大,彼此無可遮掩的特別關係,他們的界線多半因作息同步、習慣相疊,自然交纏而難以分割,即便有什麼衝突,化在日昇月落的漫漫光陰裡,多半消彌於無形了!

若真是免不去的話,父母過度偏心、手足間相對表現(學業、外表、能力、財富、人緣等)落差太大,大概是主要的成因;長大各自成家後,這些問題多半就淡去了;到了父母年老時,才會再度成為問題:誰該照顧父母?誰付出多少?乃至最終財產的分配均不均等,反正自古即有此喻:一個手掌五指頭,伸出來總不會一樣長!

家庭是最易發生界線問題的地方,前面是「角色順位」(請參考界線十律之責任律)與**「時間階段」**(請參考天然界線之空間與時間律)兩大部分,第三部分則是人際輔導常提到的**「錯誤的三角關係」**。

家人彼此親密,一旦有了衝突卻無法解決時,當事者兩造,自然都想拉攏第三位;這第三位的角色功能,起先只是「擋箭牌

或暫時吐慰」的對象，未料最後常出現叛離或加入戰局；而這種關係與型態，常不定向地鬆動，再組合，再鬆動而呈現「不等邊三角形」，即所謂的「三角關係」。

常見的就如：母女一國，弟弟被孤立；或婆婆兒子同一陣線，冷落媳婦，一家五口分成三國等等，都會不斷造成家庭的不安穩與心結。

形成這種複雜關係的原因，常源於父母，包括自小偏差的管教方式、家規不明確、先天性格迥異等。除非家中的成員對界線有一定的認識，不輕易成為其他兩人（或幾個人）的「第三者」，自然降低或改善衝突及隱憂，使家庭關係不再像毛線團一樣糾結，埋下許多未爆的地雷！

標準版的「三角關係」家庭

《聖經》中有個標準版的「三角關係」家庭，就是以撒與利百加。創世記 25 章 28 節說：「以撒愛以掃，因為常吃他的野味；利百加卻愛雅各。」明明地標示出這個家庭問題根源在於父母各愛一個，都偏心！

雖說，原本他們兄弟在母腹中便已相爭（創世記 25：22），雅各有愛爭的天性（26：又生了以掃的兄弟，手抓住以掃的腳跟，因此給他起名叫雅各「就是抓住的意思」）但，母親當幫兇影響更大！而且利百加的偏祖到了這種程度——「我兒，你招的咒詛歸到我身上；你只管聽

我的話……。」（27：13）

偏心是否會遺傳？這只是推論，巧合的是，雅各後來成為父親時，確實和他母親一樣，特別疼愛小兒子約瑟，甚至為他量身訂做彩衣，只是沒料到，這樣的偏愛反而使兒子惹來近乎殺身之禍，兇手竟是 10 個哥哥，把約瑟賣到埃及，親子分離超過半生。

由此可見，「三角關係」是諸多家庭難以倖免的，稍一不慎，就會持續影響在幾代之間。

現代疏離的「親戚」關係

家庭界線，除了夫妻、親子、手足之外，剩下的部分，應可統稱為「親戚」問題。華人幾千年來，因為傳統堅固的觀念，認定若能「三四五代同堂」、大家族式的生活型態，甚至擴而為一整村同姓同宗的聚居，代表著一種極興旺的血脈發展，所以，倘佯在甥姪、伯叔、姨舅、連襟、妯娌間的親戚從屬與連結關係，其實，單看洋洋灑灑的「親戚稱謂」一覽表，就可想像其複雜性！

為何英文裡把這一大群「折衷家庭」（由祖父母、父母和未婚子女等三代直系親屬所組成）以外的親戚，簡化到幾乎可以用 uncle（伯父；叔父；姑父；姨丈；舅父）和 aunt（伯母；嬸母；姑母；姨母；舅母）兩個字包辦，這當中應隱含著西方文化對這外圍關係均一看待的想法。

華人的區分則麻煩多了，所以在法律上把親戚分為 5 等親方能涵蓋，即便你不曾身處其中，稍用想像力，便可嗅到這一大掛的人一起生活著，該有何等糾纏不清的氣味？簡言之，這也便是孕育華人「人際界線模糊不清的溫床」，這種緊密的關係，當然會帶來雞犬相聞的親切、溫馨、相依相靠、歡笑同樂、有福同享等好處，但其反面，自然是缺乏隱私、不易尊重、同情迂腐、黏膩難分、病態共生、恩怨交雜……，一如曹雪芹所著的《紅樓夢》，堪為此種人際大雜院現象的最佳註解。

但誰知這種過去的生活方式與問題，竟然在最近不到百年的時間，已幾近消失及瓦解！消失，是指現今住屋型態不復容納繁多的親戚，甚至連比鄰而居都有困難；瓦解，是指眼下的新世代，根本不再想也不可能回到從前，所以，親戚間的界線困擾，可謂不藥而癒、煙消雲散一般，甚至要令人擔心的是，往另一極端發展：實為親人，卻不認識，也幾乎不相往來了！

既乏情分，又各居他鄉，搞不好比同事、朋友還陌生，現代人的親戚間，恐怕是需刻意增加互動，多於界線分寸的拿捏吧！而即便有些狀況或問題，大概以與一般朋友相處的界線為原則，也就夠用了。

察覺家庭界線問題指標

結婚前，常見的親子界線問題：

❶兒女出外後，每次返家看到父母都會極端沮喪。

❷兒女在外愜意生活，不經意想到父母，心情便無端低落下來。

> **解析** 在外很自在，因為凡事可以自己做決定（學會負責／責任律、被尊重／尊重律），嘗試與摸索，即使失敗了（各種生活狀況臨到必須反應／積極律）也不覺得挫敗，而是知道此乃必要的過程，而且不事事以結果論（在家常被以結果論），從錯誤中得到的收穫有時反而更多。

但一回到家，那自小被囉唆、被強制聽話或軟件掌控、以表現來評斷好壞等的不好感受，便一一浮現，可是也知道短期間內無法改善這現象（評估律），且想到雙親是出於愛而不敢表達，怕傷了他們的心（顯露律）？心情於是又低落或沮喪極了！

❸因定居他鄉而感到愧疚。

> **解析** 這心情仍與上述 1、2 狀況有關。人到了一定年紀與成熟度，自然凡事多半想自己操辦（能自己負責是愉快的／責任律、相信自己有能力可以做到／行動律），但為了體諒父母的孤單以及逐漸年老，因而不忍與矛盾（愧疚感，8 種錯誤動機之一／動機律），最後，常陷在回不回家的猶豫情結中。

結婚後，家庭常見的界線問題：

❶老公天天回公婆家吃晚飯，妻子若不配合，就不高興。

> **解析** 這個丈夫近似「成人小孩」，對父母有一定程度的依戀或仰賴（沒有責任律、積極律），或因太過擔心雙親的情感空窗（能力律），反而忽略了自己已是人夫人父（責任律），已

有一個「新家庭」需要主動用心經營與建立。

❷想買房子，心中很期待父母幫忙，父母也樂於介入。

解析　這很可能成為兩代長時間相處最大的糾葛來源，因金錢常等同權力，成為父母介入兒女新家庭問題的最大籌碼；同時造成孩子離不開父母、不願學習承擔責任（親子雙方在分寸上都不妥／責任律）；但父母卻認為這樣做（缺乏尊重律），是「愛」也是「被需要」，既然本身有能力，為什麼不「幫」他一把？

❸父母擁有孩子新家的鑰匙，有時不告而來、隨意開門。

解析　其實，為人媳婦所痛恨者，莫不以此為甚（公婆隨意闖入門），父母彷彿和媳婦搶兒子！尤其是喪偶的寡母；或父母經常認為「我們是一家人，應不分彼此，我家就是你家，你家也是我家！所以連兒媳臥房都可以自由進進出出。」（尊重律）但「閨房」是夫妻與公婆最需分別出的一條界線，「房子」則是每個家庭與親朋好友的界線，許多家庭常混亂不清，甚至媳婦被越界更是渾身不舒服，卻有苦難言（顧慮多，不敢表達／顯露律），長者任性越界還責怪人，兒子也不敢站出來處理（責任律）。

因此，若有界線的認知，這事就簡單了。

父母過於細密地照顧兒女，親子雙方都將缺乏適宜的呼吸空

間，必然疲累難言！若能從「父母是階段任務，有卸任的時間（責任律、時間律）學會放手，進入「樂見且成全孩子學會獨立（尊重律），孩子才能知道自己是誰？能做什麼（責任律、積極律、行動律）？父母其實不需為孩子肩擔一輩子，只需教養至可以自主即可放手（責任律）！

所以，父母不可老愛說：「啊！沒辦法啊！這孩子就是還要我幫著才可以！」如此軟性掌控，終將嚴重扭曲成所謂的「依附、病態共生」的現象。

家人間的「界線」問題，當然不僅於上述結婚前後兩方面，每個身為家中成員的你我，以下尚有 5 件事格外需要留意：

❶不要傳話

因為傳話失真率極高，不試著與當事人溝通（責任律），卻想藉由傳話來解決問題，是家庭裡最糟糕的溝通方式。原因在於單是隔天或「時間」稍久，人的記憶便會模糊淡忘，且不同的對象，同樣的話語因關係親疏而感受不同；加上傳話者因個性、感覺與邏輯不同，說詞不免有選擇性，甚至可能加油添醋，所以十傳八九會失真，越傳越離譜；由此而家人間種下心結，最是得不償失。

❷聆聽與守密

家裡本應成為最安全的地方。人在家中，人很自然想說出心

裡話，但這不表示他願意讓全家人曉得，比如手足間的事，未必想讓父母知道（尊重律、評估律），所以學習只作一個「傾聽者」，保守祕密，是很重要的，尤其不可輕看小孩在這方面的在乎，否則，家中反而成為最可悲的「謠言與糾紛散播處」！

❸ 當面溝通

唯一且有效的溝通是「直接談」，即使親如父母、子女、手足間，都不要透過「第三者」當「橋樑」。若不敢找當事人直接溝通，寧可先等候，直到時機適當再說；萬一沒機會，時間延宕太久，也許失去了釐清的機會，但只要願意，一定有下一次類似的情況可以再溝通，因為任何兩人會磨擦的事，多半重複發生。

❹ 不當上帝

家人住一起，朝夕要見面，常使人想急著解決問題或釐清誤解，台語說：「呷緊弄破碗」，這多半會使情況越複雜。人的能力很有限，有時連父母、長輩都幫不了你我的困難，同時，父母、長輩也不可總想著掌控或改變孩子，最好的幫助有時只能「陪伴或傾聽」，其餘愛莫能助！

❺ 不背猴子

雖然我們很容易為家人的難處心中著急，但千萬不要想代替對方解決，甚至讓他的重擔跳到你肩上，使你比他還焦慮（責

任律）；不僅無助於事，甚至你還可能變成新問題的製造者！
（馬太福音 18：15 — 19）

總之，錯誤的界線在家中很容易形成「心裡混亂」的現象，讓人活得很不清爽，以下的情況經常可見：

- 兒女為了達成父母的目標或心願不停地努力，卻不知他們怎樣才算滿意？

- 父母一直以健康或孝順等為由，以退為進，迫使兒女留在身旁，不敢出去發展；孩子日夜相隨卻又不珍惜，終日叨叨唸唸，使其逐漸喪志。

- 兒女都已老大不小了，每有狀況，父母立即出面幫忙收拾善後，小孩幾乎不曾獨自面對問題，個兒高大，心卻稚幼。

- 兒女或有機會嘗試獨立解決困境，但最後仍舊忍不住回頭開口請求雙親的援手，父母也立即出手幫助。

有這些現象的家庭，即稱為「網羅家庭」，孩子即使到了四、五十歲，工作仍不安定，沒存款、襪子亂丟、老是忘東忘西、不會燒開水、煮飯等，父母則累得半死、苦悶、抱怨……，家裡氣氛迷惘而無力，時有口角或幾天不互動……，狀況層出不窮；「網羅家庭」就是心理界線糾結成一團的家庭。

認知界線的可挪移性

家中的界線問題，也多半與孩童期已存在的舊有界線有關。除非你在成長過程能自覺學習並改變，否則很可能一直活在這模式裡！因此，改變自己的第一步，必須先認知「界線可以挪移」，然後辨識自己的家庭有哪些「不及」或「超過」的情況？但在態度上，需把這些均視同「罪行」，用心認罪、悔改，這些看似牢不可破的模式才有改變的開始。

認知父母只是「管家」，是很重要的分水嶺，因為人長大了，最要緊的是與天父上帝建立「屬天永恆」的親子關係，所以「放手」是父母最大的愛，也就是父母相信「尊重律」，可以使孩子學會為自己設定界線。

何況基督徒未來真正的家是「在神那兒」的家。在神家中，事事有其屬靈的原則，比如：憑愛心說誠實話、不要惹兒女的氣、教養孩童，使他走當行的道等等，這些都需父母長時間去實踐與經歷，一旦能在家庭裡栽種這些清楚的界線，成為生命的根基，便能一生之久得著真正而美好的祝福！

十律是俐落的人際工具

總之，職場因人際頻繁與工作變化，家庭，因是彼此一生之久的親密相處，實在都很需要界線的釐清；若長期只憑經驗自由心證或隨機應變，恐怕只會越混亂，甚至無所適從。起先應用

各種界線觀念、十律或相關原則時,也許因不熟悉而多挫敗,但界線絕對是釐清人際分寸最佳的「工具」,凡工具,則須熟能生巧!

因此,期望且深信,藉由本書對天然界線、界線十律等概念的釐清,並搭配各樣的案例分析與運用,能如同營養的糙米供應了你,但最終仍需要你細細地多咀嚼,才能充分消化吸收;善用界線,絕對會在家庭、工作等方面,都為您的生活與生命帶來極大而持續的祝福!

在這個看似極度自由,眼下實則樣樣走向失序的台灣,此時,寫了這本堪稱華人版的界線書,應該恰恰是應合了上帝的感動點!對這社會如此,對教會也算及時跟上了,因為台灣教會正蓬勃「增」大之中!為何我用「增」,而非「壯」大?乃深知內部的人數是增多了,但生命還沒跟上來,其中「人際關係」更是真實健康與否的指標?

人際只要存在「模糊、壓抑、曖昧、困惑、隱藏、退縮、懼怕、迎合……」,便表示仍有極大的成長空間!甚願這本極實用並深符真理的小書,能帶來一定的功效,祝福每一位渴慕「做真實的我、活在凡事進退自如」裡的人,都歡喜而篤定地享受上帝賜給我們真自由的生命!

國家圖書館出版品預行編目（CIP）資料

界線，讓生命自在飛揚！/ 江兒作 . -- 初版 . --
臺北市 : 時兆 , 2017.09
面 ; 公分
ISBN 978-986-6314-72-8（平裝）
1. 人際關係 2. 生活指導

177.3   106012651

界線 讓生命自在飛揚！
Boundary Line :
Let Your Life Free

作　　者	江兒

董 事 長	李在龍
發 行 人	周英弼
出 版 者	時兆出版社
客服專線	0800-777-798（限台灣地區）
電　　話	886-2-27726420
傳　　真	886-2-27401448
地　　址	台灣台北市105松山區八德路2段410巷5弄1號2樓
官　　網	http://www.stpa.org
電　　郵	stpa@ms22.hinet.net

責任編輯	由鈺涵
封面設計	時兆設計中心、林俊良
美術編輯	時兆設計中心、林俊良
法律顧問	宏鑑法律事務所　電話：886-2-27150270

商業書店	總經銷　聯合發行股份有限公司 TEL.886-2-29178022
基督教書房	基石音樂有限公司　TEL.886-2-29625951
網路商店	http://www.pcstore.com.tw/stpa
電子書店	http://www.pubu.com.tw/store/12072

I S B N	978-986-6314-72-8
定　　價	新台幣240元
出版日期	2017年9月　初版1刷